U0564163

《最忆清江浦》编纂委员会

总　　编：叶　蓓

副总编：杨春燕　许昌盛　胡　军

主　　编：韩静宇　郭慧丽

统　　筹：陈志化　刘瑞玲

执行编辑：荣根妹　朱维明　吉芊融

最忆清江浦

淮安市清江浦区政协文化文史和学习委员会
淮安市清江浦区文化广电和旅游局
编

江苏大学出版社
JIANGSU UNIVERSITY PRESS

镇 江

图书在版编目（CIP）数据

最忆清江浦 / 淮安市清江浦区政协文化文史和学习
委员会，淮安市清江浦区文化广电和旅游局编. -- 镇江 ：
江苏大学出版社，2024. 11. -- ISBN 978-7-5684-2290
-1

Ⅰ．K925.33

中国国家版本馆CIP数据核字第2024E7L747号

最忆清江浦
Zui Yi Qingjiangpu

编　　者 / 淮安市清江浦区政协文化文史和学习委员会
　　　　　淮安市清江浦区文化广电和旅游局

责任编辑 / 汪再非

出版发行 / 江苏大学出版社

地　　址 / 江苏省镇江市京口区学府路 301 号

电　　话 / 0511-84446464（传真）

网　　址 / http://press.ujs.edu.cn

印　　刷 / 中闻集团南京印务有限公司

开　　本 / 700 mm×1 000 mm　1/16

印　　张 / 19

字　　数 / 350 千字

版　　次 / 2024 年 11 月第 1 版

印　　次 / 2024 年 11 月第 1 次印刷

书　　号 / ISBN 978-7-5684-2290-1

定　　价 / 86.00 元

如有印装质量问题请与本社营销部联系（电话：0511-84440882）

序

　　公元 1415 年，明朝漕运总兵官陈瑄开凿清江浦河，成就了一座"漂浮"在水上的城市——清江浦。清江浦地处南北交汇处，素有"南船北马，九省通衢"之称，其气候变迁、物产风貌、人文历史等兼具北方之雄浑厚重与南方之清秀灵动，是"运河之都"核心主城区，有着深厚的文化积淀，承载着举足轻重的历史篇章。

　　本书精选清江浦独具地域特色的历史事件、文化遗存、人物风貌等，以翔实丰富的文史资料为主，文笔细腻的名家美文为辅，佐以品位高雅清新的摄影、绘画、书法、篆刻等，为读者呈现一幅锦绣人文、魅力多姿的清江浦历史文化长卷。

　　《最忆清江浦》，重点在"忆"。一忆"水润清江浦"的河流桥闸。正所谓"一个清江浦，半部运河史"，清江浦因河而名、傍河而居、依河而兴，自古为水运枢纽、南北要冲。二忆"遗韵清江浦"的文化史迹。翻开这本书，就走进了清江浦600 多年的历史，既有丰厚的历史遗存，也有多元宗教相融的鼎盛繁荣，还有古建碑刻，形成独具清江浦地域特色的人文遗韵。三忆"景美清江浦"的风物佳地。昔有浦楼帆影、荷亭赏雪、犀牛望月、茶庵待渡等"老八景"，今有清晏园、清江大闸、古清真寺等一批国家级运河文化遗产和一批优质旅游资源。四忆"淮味清江浦"的舌尖美味。历史上的清江浦达官巨商、富绅名士云集，官衙如林，商旅如潮，吸引烹饪高手争妍竞秀，淮扬菜由此名动天下。五忆"馆乐清江浦"的文娱繁华。清江浦古来便是戏剧圣地，生息繁衍京剧、淮剧、淮海戏、昆曲等各路剧种，涌现出众多剧团。六忆"风情清江浦"的民俗民风。清江浦人一代代在运河边劳作生息，形成了特殊的生产生活、婚庆节庆习俗。同时由于位于中国气候地理的南北分界线上，且居于大运河中段不可绕越的转轴处，其风俗习惯具有强大的包容性和鲜明的地域特色，具有与运河文化及漕运制度相适应的特色习俗。七忆"文采清江浦"的诗词歌赋。漕运繁华已成往昔，只有诗词歌赋饱满鲜活地描绘清江浦的历史遗韵。八忆"最忆清江浦"的往事故人。人杰地灵的清江浦孕育了众多名人名家，光影流年，往事斑驳，打开这本书，清江浦的千年文脉便流淌不息。

传承文化基因，定格历史记忆。《最忆清江浦》搜集深挖地域历史文化元素，塑形凝固清江浦运河历史文化风貌，"条目式""片段式"地将清江浦历史上的重要人物、事件、文物、遗存等介绍给读者。本书分八个主题，加上导读语，配以精美图片，可帮助读者快速了解清江浦历史文化。

编纂《最忆清江浦》，浓墨重彩地书写清江浦历史，激活清江浦人深厚有力的文化自信，本书不仅是历史的缩影，也是运河文化在新时代的再现与绵延。打开这本书，一定会感受到"运河三千里，最忆清江浦"的绚丽画卷。

淮安市清江浦区政协

古楚淮安
綠水橋運
河碧浪涌
春潮工涌
茂盛滋
爭鄉鎮蘇
榮花總蘇
東市西城
皆興旺
船北南各
逍遙瓊樓
溢絲景如
畫人傑地
靈日月昭
王寅春
張學軍到

最忆清江浦

目 录

一、水润清江浦

二、遗韵清江浦

史　迹

古 建

碑 记

三、景美清江浦

四、淮味清江浦

五、馆乐清江浦

六、风情清江浦

七、文采清江浦 📖

诗 赋

楹 联

美 文

八、最忆清江浦

后 记

水润清江浦

一

千里通波大运河，南船北马清江浦。

运河千年汤汤流淌，成就了一座"漂浮"在水上的城市——清江浦。"清江浦"三个字，每个字的偏旁部首都是"三点水"，冥冥中就注定清江浦与水有着不解之缘。清江浦自古以来就浸润在淮河及其支流与运河交织的水系中，傍河而居、依河而兴、因河而名。千年水系纵横驰骋，百年岁月连绵起伏，孕育出清江浦的繁盛，鹊起了清江浦"运河之都"主城区的美誉。清江浦不仅有古淮河、里运河这些古老的河流，还有二河、古河口这样的现代工程奇迹，更有众多飞架于各河道上造型各异的桥梁，它们促进了清江浦的对外交流，方便了民众出行，更成为清江浦亮丽的风景线。

河流

里运河　　一般意义上的里运河是指北起淮阴（杨庄）水利枢纽，经淮安市的淮安区，扬州市的宝应、高邮及扬州城区，由邗江六圩入长江的淮扬运河，全长168千米。而淮安市的里运河，则是指与有"外河"之称的古淮河相对的淮扬运河淮安市域内的一部分。具体来说，淮安里运河是指淮阴（杨庄）水利枢纽到淮安水利枢纽之间的运河水道，全长约35千米，包括1959年开挖的城南大运河。淮安里运河历经宋、元、明、清，至今已有千年历史，曾被称为沙河、清江浦。里运河两岸风光秀美，历史文化遗存丰富，是淮安市运河百里画廊的核心。随着国家大运河文化带建设的不断拓展，淮安里运河将成为大运河上愈加迷人的风景线。

古淮河　　古淮河曾是古代淮河的尾闾及入海水道，在南宋黄河改道之后，又成为黄河河道。1855年黄河再次改道山东利津入海后，古淮河河道被称为废黄河。古淮河起自淮安市淮阴区五河口，流经清江浦区、淮阴区、市经济技术开发区、淮安区、涟水县，在淮安市境内长66千米，从淮安区苏嘴镇流向盐城市境内并入海。古淮河具有蓄泄洪水、生态调节等功能，也是沿河县区经济文化与旅游发展不可或缺的要素资源。古淮河是淮安市清江浦区与淮阴区的界河，在清江浦一侧有古黄河生态民俗园、古淮河文化生态景区、古淮河国家湿地公园等文旅景区。

苏北灌溉总渠　　苏北灌溉总渠位于清江浦区最南部，是江苏省北部淮河下游的东西向大型人工入海河道，1951—1952年开挖，西起洪泽湖边的高良涧，经洪泽、清江浦、淮安、阜宁、射阳、滨海六县区，东至扁担港入海，全长168千米，是淮河下游重要的排水、灌溉、航运综合利用河道。

苏北灌溉总渠建成后经受多次大洪水的考验，在根本上改变了数百年来黄河、淮河并患苏北的局面，彻底变水患为水利，使排涝灌溉、航运交通、水力发电等事业得到综合发展。2023年1月，苏北灌溉总渠入选"人民治水·百年功绩"治水工程项目名单。

永济河　　永济河位于清江浦区南部，现存河道西起淮安市工业园区，东至淮安杨庙汇入里运河，基本与东西走向的淮河入海水道平行。《明史·地理志》载，山阳县"西南有永济河，万历九年开，长六十五里，亦谓之新运河"。《大清一统志·淮安府一》记述永济河："上自窑湾，下合通济闸，长四十五里。今淤。"《明史·河渠志》中叙述了永济河开挖的原因及有关情况："（万历）十年，督漕凌云翼以运船由清江浦出口多艰险，乃自浦西开永济河四十五里，起城南窑湾，历龙江闸，至杨家涧，出武家墩，折而东合通济闸出口。更置闸三，以备清江浦之险。未几闭塞。"永济河开凿至今已有440多年，本是作为行漕的清江浦河的备用河，清康熙后又作为洪泽湖大堤河工的运料河，乾隆时又兼为运盐河道，故又被称为盐河。近现代以来，永济河一直作为排水河道。而今，永济河经过不断整治，河道变宽，河水变清，两岸的风光更加秀美，已经成为集运输、灌溉、排水、旅游于一体的多功能河道，将对淮安的经济社会发展起到越来越重要的作用。

二河（淮沭新河）　　二河位于清江浦区西南部，连通洪泽湖与淮沭河，是洪泽湖的一条引河，也是清江浦区与淮阴区的天然分界线。二河的功能以灌溉为主，是综合防洪、通航和发电多功能的人工河道。

历史上的二河并不宽，是明清时期修筑高家堰大堤取土时形成的河道，原本由南而来只通到高家堰的头堡。新中国成立后，二河河道拓宽挖深并向北延伸至杨庄五河口，与杨庄水利枢纽和分淮入沂工程形成组合。从二河闸出来的水流通过二河来到五河口，经过淮阴闸（俗称三十孔大闸）进入淮沭河北上，再经新沂河东去入海。二河还是淮安城市用水的重要取水口，在居民日常生活和工业生产中发挥了极其重要的作用。

漫步二河堤

二河堤应该是清江浦目前少有的"原始"地儿，这里有这座城市的取水口，林木葱郁，杂草肆意，兔走鸟藏，一切都那么率意天然。在这里行走，天是那么高迥，草木芳烈，在这里和鸟儿对话，向鱼儿交心，不用声情，不费心神。

因为"荒野"，人迹罕至。也正因为人迹罕至，这里适合耐得住孤寂的人放飞思绪，怀古思今。

淮安是一座"漂"在水上的城市，其中黄河、淮河、运河以洪泽湖为中心交织演绎了好几百年的水利水害的大戏，形成了举世闻名的"清口水利枢纽"。

二河，就是这部大戏中的一个小插曲。

二河的前身是清朝康熙年间的河道总督张鹏翮为了治理黄河泛滥，加固高家堰时运输石料的便（河）道。张鹏翮虽然是封建时代的官员，但是他的勤政廉政是流传史册的。新中国成立后，为了彻底治理淮河，变水害为水利，在原来的二河基础上开挖了淮沭新河。人们习惯上把其中的一段仍称为二河，它从洪泽湖的东北端一直延伸到淮阴区的杨庄大闸，全长约 30 千米。

当年开挖这条河时，组织调动了盐城、扬州、南通的十几万民工来淮支援，留下一段集中力量办大事的佳话。这条淮沭新河挖通以后，消除了苏北地区的洪涝灾害困扰，促进了农业的发展，也把清江浦与淮阴区的西南片切割开来。多年来，近 30 千米的河段仅有三四个渡口用于交通，两岸往来困难显而易见。进入 21 世纪以后，才陆续在武墩镇、和平镇和城南街道的明远路上架起了公路桥，彻底摆脱了淮阴区西南一隅封闭的局面。

如今，了解这些历史的人漫步在二河堤上，思绪张扬，感慨良多。

漫步二河堤，产生一种清江浦人特有的自豪感。这条大堤，把韩信城遗址、韩母墓、高庄战国墓、蛇家坝传说、武墩战国墓的历史遗存连在了一起，让你觉得脚下的土地是剔透灵气的，历史是丰盈厚重的。

更令清江浦人自豪的是，著名的南水北调工程中闪耀着清江浦元素。紧贴二河边的江苏省淮阴第二抽水站，就是南水北调工程大合唱中的一个颇为响亮的音节。清江浦人把清亮的河水输向华北，输向祖国需要的地方，那种福泽绵延的喜悦难以言说。

（钱万平）

柴米河　柴米河主要部分在清江浦境内,是一条东西—南北走向的骨干排涝河道,全长 20.5 千米,西起城南街道小闸村,东至盐河杨庙村,流经清江浦区、市经济技术开发区,经古盐河穿涵洞进入淮河入海水道。

柴米河原为护城河,可排清江浦多余之水,后兼运粮草,故又名运粮河。原河道标准偏低,河面上的桥梁跨度不足,阻水严重,为缓和上下游排水矛盾, 1963 年和 1965 年,当时的淮阴、淮安分别组织民力对河槽进行疏浚。1978 年秋天,当时的城南公社再次组织民力疏浚其辖区内的柴米河河槽,但因下游未疏浚,效果甚微。为彻底解决柴米河沿线洼地排水,提高排涝标准,1990 年柴米河疏浚工程启动,2004 年又对柴米河全线进行清淤疏浚。2011 年柴米河被纳入古盐河流域治理,对其全线进行清淤疏浚,建设了城区段 2.6 千米自嵌式生态挡墙结构护岸。至此,柴米河的功用与面貌大为改观。

<h2 style="text-align:center">柴米河与我</h2>

柴米河是清江浦南郊的一条灌溉渠,上游现被连接洪泽湖的蛇家坝牵住,下游在完成了几个乡镇的农田灌溉任务后,活泼泼地汇入苏北灌溉总渠,兴高采烈地奔向大海。

如今,柴米河灌溉农田的担子越来越轻了,有点像戏剧舞台上的花旦,只需要摆个担水浇田的姿势,或者干脆就是一幅贴在地面的水上动态图画。不过在防洪排涝时,她还会发挥家庭主妇的干练,用她的柔肩承担起"主内"的责任。

我对这条不起眼的小河充满了敬意,因为我知道,她有着"显赫的身世"。

懂淮安水利史的人应该知道,柴米河曾是大名鼎鼎的"护城河"的一支。曾几何时,黄河夺淮,清江浦运河经常淤塞,漕运举步维艰,上至帝王,下到臣工如坐针毡。当有识者提出在清江浦南新辟一河,与清江浦河形成环形水道相互补充时,众人一扫愁眉。明万历十年,也就是 1582 年,这条河便呱呱坠地。

河水里流过明清的月影,流过漕运的帆影,流过奶奶的奶奶做姑娘时的倩影。"我见青山多妩媚,料青山见我应如是。"想必柴米河对我也是"投之以桃,报之以李"的。不然,怎么能在钢筋水泥筑成的堡垒不远处,就有这么一条清亮的河水为我洗心。在这里,我曾拾得"水浅可容云影过,荷残未禁鸟声啾"的诗句；在这里，我有一种"梦里诗情不断，眼前史事重来"的幻觉；在这里，我会产生"雪雁横空晓月，老翁虎步晨光"的豪兴……

夏秋的雨后，这条河还会把蛙声送给我，让我还原出"稻花香里说丰年，听取蛙声一片"的壮美田园风光。姹紫嫣红的春天，这条河会用沿岸的花儿引诱我款款漫步，体会"临水种花知有意，一枝化作两枝看"的谐趣。明月清风的夜晚，我会在这条河旁或凭栏远眺，或顾影自怜，或与朋友海阔天空，浑然消融在"兴来不觉风吹帽，话久方知露湿衣"之中……

柴米河，一条古老的河，一条活态文化遗产的河，一条依然生机勃发的河，一条洋溢诗意的河，更是可以洗涤灵魂、催人奋进的河。

（钱万平）

五河口　　淮安自古水系发达，河道纵横交错，是大运河"南船北马"转圜之地。五河口位于清江浦区与淮阴区相交处，是京杭大运河、古黄河（古淮河）、盐河、二河、淮沭新河五条河流交汇的区域，是大运河的咽喉要冲。

五河口最早是泗水入淮口，元代以后，黄河夺淮入海，堵塞了众多河道河口，淮扬运河北入淮口古末口也被堵塞。明清以来，统治者对河道治理疏浚，形成了大

运河、古黄河、盐河的"三河口"。新中国成立后，先后开通了二河、淮沭新河，成就了如今大运河淮安段唯一的五河交汇口。

作为大运河的重要枢纽及治水重地，淮安五河口拥有大量的河道、河工等运河文化遗产。根据《淮安市大运河"百里画廊"战略规划》，五河口作为淮安大运河"百里画廊"重要节点，将被打造成五水汇流、洲头环聚、景致绝佳、气象独特的大运河文化公园。

文渠　文渠开挖于明代，是专门服务清江浦居民日常用水的城区内河道。清代后期因久用不治，河床淤填，水流不畅，严重影响沿岸居民生活。清同治十二年（1873），清河知县万青选呈请驻节淮安府城的漕运总督文彬疏浚文渠并得到批准。随后，万青选以以工代赈的形式疏浚了文渠。"东自云昌坝起，西入泮池，又屡折而西南出西水关，转而东，至文笔峰，出水洞，遂由涵洞故道径锡宁桥、来凤桥入白马湖。"如今的文渠不仅是清江浦城区重要的排水河道，还对清江浦生态环境保护发挥着日益重要的作用。

桥

闸

淮安运河大桥　　淮安运河大桥横跨京杭大运河，是城区首座全钢结构桥梁。大桥通体洁白，造型流畅，无论从车行视角还是从船行视角看，都犹如一颗晶莹的水珠，充分展现了淮安"四水穿城""运河之都"的历史文化底蕴。夜幕降临时，灯光变换，大桥宛若白鸽、水珠、钻戒、明珠，吸引众多市民前来"打卡"，已然成为淮安的"网红桥"。这座淮安地标性建筑，犹如展翅高飞的白鸽，承载着淮安人的美好希冀。

清江大桥　　清江大桥原名淮钢大桥，是淮安市区内环高架道路（西安路）横跨京杭大运河的关键节点，是淮安建桥史上体量最大且唯一一座双层公路钢结构拱桥。清江大桥与内环高架工程的建设标志着淮安的中心城区正式进入立体交通时代，不仅有效缓解中心城区交通压力，提升城市道路系统服务水平，还促进沿线区域的协同发展。

清浦大桥　　清浦大桥位于淮安市区北京南路上，为双索面自锚式悬索吊桥，索塔为门式钢筋砼框架结构。大桥外观为"门"字造型，远远望去与大运河相映成景。清浦大桥处于淮安交通的"大动脉"上，极具工程设计美感，曾获得江苏省优秀设计一等奖、淮安市科技进步二等奖等殊荣。

北门桥　　北门桥的历史，最早可以追溯到清康熙年间。当时为收验船税，在现北门桥处，用数只长方形木船首尾相接成浮桥。1936年，清江浦里运河上建起了一座北门桥。历经多次维修、加固和重建，如今不仅桥面宽阔、造型美观，桥的四角还建了四座古朴典雅的桥亭，分别为"拱宸亭""会漕亭""怀恩亭""瞻斗亭"，亭柱上悬挂楹联，充满古风古韵，极具江淮特色。

我从桥上走过

如果说水是清江浦的血脉，那桥就该是清江浦百姓心中的渡口。穿城而过的里运河上，自然少不了同样充满历史文化气息的桥，北门桥便是其中一座。

曾经，我工作的单位在桥北面，居所在桥南面。每天从桥上来往，却从未注意过这座桥。时间从桥下呼啸而过，再回首，其间那么多人和事，扑面而来。

北门桥走过八十载风雨，沧桑而年轻，蓬勃而持重。

那一年，秋高气爽，叶黄果熟时，吴棠修筑的清江浦城顺利竣工，百姓聚集在崭新的清江浦城北门口载歌载舞。北门正对着浮船，因此称为"北门浮桥"，渡口称"北门渡口"，便是现在北门桥的位置。

到了民国时期，随着城市人口增多，为适应交通运输发展和方便过往行人，国民政府导淮委员会决定在北门浮桥处建筑拉桥，由当时的江苏省主席陈果夫具体负责。工程于1935年开工，1936年底竣工。桥桩为钢筋混凝土结构，桥面和两侧栏杆均为木结构。拉桥全长50米，宽5米，因桥式仿效西式设计，老百姓称其为"洋桥"，桥面可以拉动，因此又称"拉桥"。

北门桥之所以建成"拉桥"，是为当时地理条件所限。"拉桥"和南北路面大体在同一水平面，如果建成固定式桥面，桥下净高较低，河面的船只无法通过。因此当时设计成"拉桥"是很科学的。

拉桥是固定职业，拉桥工人都住在桥南边不远处的北门东后街、西后街，一旦有拉桥任务，能够很快集中起来。

北门桥对于清江浦城和清江浦人而言，岂止是一座普通的桥？它与城、与人一起，在战争中哭泣，在战争中挣扎，也在战争中磨砺。它沟通了清江浦城南北方向的交通，80多年来，对清江浦的经济、交通还有军事都起着重要作用，功不可没。

抗日战争和解放战争的烽烟中，北门桥多次被毁又得以重建，像风雨中飘摇的一叶小舟，修修补补仍破浪前行，足以说明北门桥对于清江浦人民的不可或缺。直至1962年，政府全面修复了北门桥，将木桥面改为钢筋混凝土桥面，利用原有的钢筋混凝土桩式排架及旧石砌桩台，将桩柱接高，桥面也随之升高，桥宽8米，桥长仍为50米，全部投资10万元。

将北门桥由拉式桥改建为固定桥面，还有一个重要原因，就是城南开挖新的大运河，大的船只已由新航道通航，里运河流经市区的一段已变得水

流平缓，桥不再对往来船只形成阻碍。1963年，一座崭新的北门桥竣工，历经30年已不适应时代发展需要的旧式拉桥被彻底改变了，桥上桥下均畅通无阻。

1979年，政府又拨款30万元扩建北门桥。在原钢筋混凝土桥的东侧增加桥桩，将大桥由原来的8米宽扩建成15米宽，其中车行道宽12米，两旁人行道各宽1.5米，并在桥南北两端的桥裙上分别镶嵌了碑石，北门桥由此改称北门大桥。

1981年，北门大桥进行了抗震加固。2007年，桥面进行维修。

2014年6月起，政府又一次对北门大桥进行升级改造。这次改造似乎是一个隐喻，一个打开清江浦城繁华历史的隐喻。7月16日，在北门大桥施工现场西侧发现了条石砌成的百米清江浦城墙遗址。

当年吴棠建造的清江浦城虽于1951年到1953年被陆续拆除，墙基却深埋地下。一百多年后的一次施工打开了这座城市的历史记忆。据介绍，这次发现的城墙遗址是清同治年间清河县城北门城墙遗址，这为历史上清江浦的繁华、兴衰提供了实物见证，对研究清江浦的城市发展史、古建筑史具有重要价值。

北门大桥不仅打开了清江浦城的历史记忆，也承载着老清江浦人的岁月记忆。50多岁的郑先生，对北门桥的"连接"功能印象深刻。"北门桥附近，在（20世纪）七八十年代已经是非常繁华的所在。桥北有人民剧场，是当时的文化中心，桥南有清江市图书馆、清江电影院、清晏园、清浦百货大楼等。那时我家住在承德路若飞桥附近，印象中，北门桥附近就意味着繁华。许多活动，都因为北门桥的存在而变得便捷。"

2016年元旦，承载着南来北往的清江浦百姓的希望，新的北门大桥正式开放交通。此次北门桥改造，采用"闸桥共建"的方式，建设1座节制闸和1座交通桥，解决了里运河水位控制及交通问题。桥面道路拓宽至25米，比老桥宽10米，为双向四车道。桥的四角则建有四座古朴典雅的桥亭，桥的下方是里运河南北沿岸新建的观景走廊，为里运河文化长廊增添了一处新的景观。

近百年来，有人在桥上看风景，有人在桥上驻足流连，但多数人还是桥上的匆匆过客。来来往往间，桥上的人在变，变好，变老，变得步履轻盈，抑或举步维艰，只有这座桥，跨一河碧水，诉一段历史，迎来送往，一如当年。

（荣根妹）

长征桥 长征桥是一座横跨里运河的人行桥，位于清江浦区水门桥与北门桥之间，淮安市实验小学以南。桥的南北两侧各建一座旋转曲线造型的楼梯，新颖且具有较强的实用性、观赏性。长征桥的建造缓解了北门桥、水门桥的交通压力，也缓解了学校周边拥堵状况，方便学生及家长通行，还为里运河增添了一处新景点。

水门桥　　清同治年间，清江浦城垣开有东、西、南、北四个城门以及供百姓取水的"水门"，今水门桥的位置就是那时的"水门"所在地。水门桥造型优美且历史悠久，贯穿市中心，横跨里运河。水门桥整体设计紧扣"水门"主题，桥上刻着烫金的"水门桥"三个字，桥梁运用群雕、碑刻、铁艺等艺术手法，展现了淮安的璀璨历史，完美融入周边自然风光和建筑群。

常盈桥　　常盈桥是一座仿古三跨连拱石拱桥，位于大运河文化广场南里运河上。常盈桥因"常盈仓"而得名。常盈仓建于明永乐年间，规模宏大，建筑质量一流，有"天下粮仓"之美誉，其规模在明代全国粮仓中首屈一指。常盈桥是里运河风光带的一处重要景观，拓展了大运河文化广场的休闲功能，与附近清江浦楼、慈云禅寺、国师塔等古典建筑遥相呼应，成为市区里运河上一道独特的风景线。

石码头桥　　石码头桥曾名御码头桥，坐落于里运河上。石码头桥墩上方刻有清晰的浮雕，车马、帆船、运河、桥梁……形象描绘了"南船北马，舍舟登陆"的繁华盛景。桥的不远处便是淮安市十大历史文化古迹之一的石码头，也称御码头，乾隆皇帝六次下江南，多次在此视察水利、体察民情。石码头桥北侧有"南船北马舍舟登陆"碑墙，彰显淮安"南船北马"的恢宏历史。

若飞桥　　若飞桥架设在清江浦里运河的清江闸上，是淮安里运河文化长廊景区的重要景观之一。若飞桥背后有一段鲜为人知的"红色记忆"。1946年4月8日，王若飞、秦邦宪（博古）、叶挺等人在飞往延安途中遭遇空难不幸牺牲。为纪念英烈，当时的苏皖边区政府在清江闸旁竖立了刻有"若飞桥"三字的纪念石碑。同年5月，苏皖边区政府在清江闸上建造木桥，命名为"若飞桥"。

越秀桥　越秀桥位于清江浦楼以东约 1200 米处，桥宽 28 米，长 280 米，一端连接越河路，另一端连接楚秀园，桥名有"越来越秀丽"之美意。漫步其上观望，城市地标清江浦楼凌波而立，里运河上画舫悠悠穿行，常见飞鸟小憩，人来不惊，显然已经和人类"和平共处"。水清岸绿，景色旖旎，一派繁华景象。

长虹桥　长虹桥形似彩虹，是一座只供行人通行的钢结构景观桥。站在里运河岸边放眼望去，红色的主色调、设计独特的外观、流畅的桥身线条，犹如长虹卧波，韵味绵长。长虹桥为历经沧桑的里运河增添了几分浪漫与多情，成了网红打卡地。

清隆桥　　清隆桥位于天津路上，由东南向西北横跨里运河。最初建成于 1994 年，桥宽约 20 米，双向两车道。作为连接清江浦区与淮安市经济技术开发区的重要通道，逐渐难以满足日益增加的交通需求。2021 年，清隆桥改造及天津路接线工程被列入年度中心城市建设重点项目。工程起于天津路与解放路交叉口，止于天津路与翔宇大道交叉口，全长约 840 米，其中新桥桥梁长 150 米、宽 46 米，双向八车道的两侧均设置宽约 2.5 米的人行道和宽约 5.5 米的非机动车道。2024 年 4 月 23 日，清隆桥改造及天津路接线工程正式通过竣工验收，有效缓解了周边交通压力，大大提升了通行效率。清隆桥地处清江浦老城区、水渡口、开发区中部三大板块交会处，使得周边居民的生活通行更加便利，也成为里运河上又一处亮丽的风景线。

清江大闸　　清江大闸始建于明永乐十三年（1415），又称清江闸，后来在明万历年间又修建了越闸，故清江大闸包括正闸、越闸两部分。清江大闸用于控制里运河的流量和调节水位，以缓解湍急的河水，使漕运船只顺利通过。清江大闸是明清时期漕粮运输的咽喉要道，有"南北襟喉"之称。

清江正闸、越闸都采用黑麻石（玄武岩）长方条石，由煮熟的糯米浆拌石灰做黏合剂砌成，宽约 7 米。原来正闸、越闸口门上都有可移动的木桥，现在皆修建钢筋水泥桥。正闸的前后均有闸塘，越闸的一侧有闸塘及越河。

清江大闸是京杭大运河上一座保存较为完整的明代古闸，2014 年被列入世界文化遗产名录。

清江大闸

说到清江浦就不得不说清江大闸，而提到清江大闸就得从乔维岳、从陈瑄、从潘季驯那里说回来。这是地理的变迁，是人物的功绩，更是历史留给现实的财富和印痕。

史料记载，北宋年间，淮南转运使乔维岳为了漕运的方便，开辟从末口到泗口的沙河，并创建了二斗门式复闸，解决了当时运河运输问题。到了明代，漕运总督陈瑄于永乐十三年（1415）重新疏浚沙河，连通运河，经营漕运，更名为清江浦，并在清江浦上建了新庄、福兴、清江、移风四道闸，以控制湍急水流，保证漕运船只安全。后来总理河道都御史潘季驯在清江大闸旁边开凿越河并建越闸，因此形成了中洲。自此，清江浦作为集聚地与清江闸一同发展起来，并以此为中心逐渐形成城镇，成为大运河上的重要节点。

清江大闸的正闸由长方黑麻条石砌成宽7米许。正闸桥面原有可启闭拉动的木桥，前后均有闸塘，迎水的上水闸塘小，出水的下水闸塘大。越闸原有固定的木桥，后又加固为石桥。为适应漕运，历经康熙、雍正、嘉庆、道光四朝重修加固。闸下溜塘深广，水险流急。此处是漕粮运输必经之襟喉要道，每当运粮季节，万艘漕船和12万漕军帆樯衔尾，绵亘数里，蔚为壮观。每年北运漕粮400万担左右，因而设官于此驻守管控。大运河从南向北，路上的险关众多，又各不相同。清江闸这里河道狭窄，两岸石工壁立，满载的漕船进入后显得笨重，过闸门只能容下一个船身，在水流与落差中缺乏安全，易造成船毁人亡的事故。开闸的时候，所有的压漕兵丁和闸口百姓都聚精会神地看着开闸场面，在激流中漕船晃动厉害，激流撞击船帮，旋涡串套波浪

从闸口涌出，最终克服困难，渡过清江闸的大闸口。当年，在大运河漕运最鼎盛时期，漕船云集，排队过闸，樯帆林立，喧嚣震撼，南船北马，昼夜无竭。明末清初诗人吴伟业曾有诗描述清江大闸曰："岸束穿流怒，帆迟几日程。石高三板浸，鼓急万夫争。"

运河重镇不虚名，一路向北争夕晖。但是自清朝漕运走入没落以后，大运河的地位也受到极大挑战，清江大闸失去了原有的功能，成为一个辉煌漕运时代的遗留标志。

1945 年，新四军第一次解放淮阴城，成立清江市，这里成为苏皖边区政府驻地。1946 年 4 月 8 日，出席重庆国共谈判与政治协商会议的中共代表王若飞、秦邦宪（博古）和新四军军长叶挺等，因飞机失事遇难。当时，中共华中局与苏皖边区政府正在清江市召开党政代表大会，会上对三位遇难烈士进行哀悼，与会同志纷纷提议在清江市建立标志，以示纪念。于是，决定将清江闸上的闸桥更名为"若飞桥"，城南公园更名为"叶挺公园"，公园内荷芳书院中的新华图书馆更名为"博古图书馆"。此后，清江闸旁便立起刻有"若飞桥"三个大字的石碑。随后不久，解放战争爆发，国民党军队进入淮阴城，将"若飞桥"石碑破坏，推入里运河。1948 年 12 月，淮阴

城再次获得解放。1951年1月,市政府组织打捞石碑,结果只打捞起刻有"若"和"飞"的两块石碑残片,"桥"字没能找到,便请当时城内著名书法家程博公先生补写一"桥"字。目前的碑上"桥"与"若飞"两字略有些不同,但也完美实现了对历史的见证。

中华人民共和国建立以后,在市区以南重新开凿了宽阔的大运河新河道,里运河流经市区内的一段已变得水流平缓,再也不见激越澎湃之势。近年来,里运河风光带和运河文化长廊逐步建成,古韵中透着现代气息的运河景观如彩练一般穿城而过,尽显美丽绚烂。

2006年5月,"清江闸"被国家文物局公布为大运河江苏淮安段重点文物保护单位。2009年9月26日,国家邮政局发行《京杭大运河》特种邮票6枚,其中第4枚便是"清江闸",清江闸成为国家名片。2014年6月22日,在卡塔尔首都多哈召开的第38届世界遗产大会上,中国大运河项目成功入选世界文化遗产名录,"清江闸"作为大运河中的重要节点成为遗产的组成部分。

(叶江闽)

遗韵清江浦

二

清江浦，风物佳地，人文胜地。早在四五千年前，
淮夷先民就在清江浦区域创造了灿烂的文化。自秦汉到
近现代，清江浦积淀了底蕴深厚的历史文化遗存，包括
官衙、祠堂、寺庙、码头、铁路、医院、古墓、碑刻等，
它们承载着清江浦两千多年的文化，诉说着清江浦的人
和事，尽显清江浦令人回味无穷的历史雅韵。

史迹

韩信城遗址　　韩信城遗址位于淮安市清江浦区城南街道韩城村。据《史记·淮阴侯列传》记载，汉高祖六年（前201），高帝刘邦贬韩信为淮阴侯。《太平寰宇记》云："信本此县人，其冢宅处所并存，后受封为侯，因筑此城。"新中国成立初期，仍见此城土阜连绵，四周环抱，长约1000米，宽约500米。后因挖河取土之故，遗迹仅存南边城垣一段，高3米，宽45米，长约500米，下有木桩、陶片等遗存，曾出土窖藏宋元瓷器。据传原城旧址有水井72口，东门外有一丈多高的韩信阅兵台，因历史上黄淮泛滥，水井淤塞，阅兵台也无痕迹。2011年12月，韩信城遗址被公布为省级文物保护单位。

清江浦古城墙遗址 2014年7月，淮安里运河北门桥控制工程施工过程中发现一段玄武岩条石墙基，相关文物部门现场勘察后，确认发现的是清同治年间的知县吴棠所建的清河县城北门城墙一段。随后，淮安市博物馆组织考古人员对该遗址进行抢救性考古发掘。清江浦本有内外两道城墙，外城为土圩，此次发现的为砖石结构内城城墙，长度约100米，遗址存有条石砌筑的城墙基础、城门、炮台。当年吴棠所造的清江浦城虽于20世纪50年代被陆续拆除，但其墙基深埋地下，反映了清江浦古城的坚固，留下一处宝贵的历史遗迹。

清河县署　　清河县城原在今淮阴区马头镇，后因黄河泛滥频繁，多次冲毁县城，故清乾隆二十六年（1761），在江苏巡抚陈宏谋的倡议下，朝廷将山阳县清江浦镇划给清河县并作为清河县治所在。乾隆二十七年（1762），清河知县高辰在大闸口里运河之南新修县署，北到斗姥宫，东抵慈云寺，其西为百姓民居。嘉庆十年（1805），大闸口以东的云昙坝决口，县署被冲毁，县衙寄治慈云寺。

嘉庆十八年（1813），清河知县龚京正重修县署。《咸丰清河县志》记载，清河县"署之制，有堂三重，库房在正堂之左，厅事在二堂之右，其后为知县宅。正堂之外为吏房，东西向，厨在大门内之左，监在大门内之右，其北为典史宅"。

咸丰年间，清河县署毁于战火。同治二年（1863），清河知县龙真绥将县署从都天庙以北的城东迁到河道总督府北重建，即今西大街清江市政府旧址的位置。

丰济仓遗址　　丰济仓遗址位于清江浦西大街草市口以北100米。丰济仓承袭始建于明永乐年间的常盈仓，为漕运总督张之万于清同治七年（1868）所建。丰济仓遗址现存小瓦平房7间，建筑面积200平方米，另有纪念石碑上镌"民以食为天"等字样，现存实验小学院内。丰济仓遗址是2006年公布的全国重点文物保护单位京杭大运河江苏段的重要节点。

清江督造船厂遗址 　　清江督造船厂是明朝时期朝廷设立的漕船制造厂，因濒临清江浦，故以"清江"命名。据史料记载，其总厂在今清江闸一带，下设京卫、卫河、中都、直隶 4 个大厂，共 80 个分厂，厂区沿运河绵延伸展，总长超过 11 千米，规模宏大。

觅渡千年

　　昔日清江浦运河艨艟如风，帆樯如织。熙熙攘攘的船只，白色的帆篷鼓得满满的，如男子健硕的胸脯。它们载着沉甸甸的漕粮，南来，北往；此岸，彼岸。因了运河，因了南来北往的漕船，淮安被称为"运河之都"，既在漕运，又在造船。

　　清江船厂全称"清江督造船厂"。其下原辖京卫、卫河、中都、直隶 4 个大厂，浙江各卫所的漕船一度也在清江建造。

　　陈瑄督漕后，首要之务是要建造适合内河航运的"浅底船"。按照明清每年要自东南运送 400 万石的漕粮计算，总量是一万艘，需求数量之大，前所未有。每批漕船使用年限基本就是漕船的更新周期，这是清江船厂从明永乐十年（1412）到清乾隆末年（1795），380 多年不衰的原因之一。

清光绪《淮安府志》载："正统间专设清江提举司，又令总漕择卫指挥贤能者二员，分理船政，以千百户、镇抚等官员为各总厂官……康熙七年，改西河船政归并东河，而改淮安卫清军同知为东西船政同知，仍驻清江浦。雍正二年，船政既归粮道，而船政同知奉裁。"由此可知，当时各船厂基本隶属于漕运总督衙门。

明代设在清江浦的漕船监造、管理机构有工部厂、工部分司、提举司、清江造船总厂、卫河造船总厂，还有漕厂开办的清江书舍（即今文庙前身）、清江义学等。

清政府因循明代，仍在清江浦设立全国规模最大的漕船制造厂。

明初的河运粮船，无有定式，大小不一，给运输造成很大麻烦。因运河受黄淮影响，时患淤浅，船若深窄，或负载量大，吃水必深，吃水深则多搁浅之患。明永乐初年，尚书宋礼首先提出造浅船500艘，承运淮、扬、徐等州府漕粮。平江伯陈瑄遂又增造到3000多艘。

从明弘治三年（1490）到嘉靖二十三年（1544），55年间，清江船厂造漕船共27332艘，加上嘉靖年间卫河厂迁到清江后造的2125艘，总计近3万艘，最高年产量达到781艘（嘉靖十九年）。清代的清江船厂每年额定造船500艘左右。

明代的清江船厂集中了淮安、苏州、扬州等府的精良工匠6000余人，包括折船匠、细木匠、锯匠、竹匠、芦篷匠、油灰匠、铁匠、脚夫等，此外还有专谞采办各种料物的牙商。造船工匠细密的分工，反映了造船技艺的成熟和高超。风过雨过，花过月过，到清乾隆年间，清江漕船厂如一只破败沦落的古船，折断了雄性的风帆，陷落在历史的河滩上。由于官员的营私舞弊，以及船政制度的日益弊坏，清江船厂终至裁撤。驻足文庙内"清江督造船厂"的遗址碑前时，感觉眼前这一船模，倏忽间化作千万只船，在江淮运河的清波中扬帆，从清江漕船厂起航，摇摇荡荡，寻寻觅觅，前头是运河永不疲倦的浪花，前头是停靠的渡口——清江浦。

"草色独随孤棹远，淮阴春尽水茫茫。"从年少到年衰，从此岸到彼岸，清江漕船厂似是漕船的摇篮，是每一个漂泊无定灵魂的渡口，也是运河文化坐标上一颗璀璨的明珠。

（荣根妹）

臧家码头遗址 里运河北岸有清代享誉京杭的清江浦臧家码头。臧家码头建在当年的山清界上，即清乾隆二十六年(1761)以后的山阳县与清河县分界线上，也是"南船北马"的实际分界线。南方的一般船只（非漕运）到此即终止水路，改乘车马沿"通京大道"北上，北方由陆路而来的客商则由此登船南下。

臧家码头曾为"官码头"，派兵护卫，派员管理和接待，其他商船、民船禁止停靠。臧家码头东去数步，即为山清界上古寺"圆通寺"。晚钟声响，南来北往，河水东流，钟声远去。再行数步，沿山阳道上行，此处古称"山阳行（háng）"，俗称"山芋行"。

臧家码头建有一亭，亦名"皇华亭"，为早期邮驿之所。民国年间，原接官厅失去作用，有"厘捐局"设此收税，时隔不久，厘捐局也撤销。后来"臧家码头""接官厅"都失去作用，被人们遗忘。

因为清末宣统三年（1911）曾经从这里修建了一条到今淮阴区西坝、杨庄的铁路，所以臧家码头一带也被称为"铁路头"。

娃娃井　　娃娃井位于御码头街区，原东长街基隆巷东拐角处，为砖砌结构，上小下大，井深数米，四季有水。始建于唐代，距今已有一千多年历史，是淮安为数不多的唐代文物。据传，唐朝时有一家三口，孩子名叫井娃，一家人以捕鱼为生。有一年，一种怪病流行，患者面黄肌瘦，肚子却奇大，最后会痛苦地死去。井娃父母也染上了这种怪病，懂事的井娃拿起父母的渔网，来到运河捕鱼，以维持家人的生活。一天，井娃捕到了一条大鲤鱼，奇怪的是，这条鲤鱼一见到井娃就开始流泪，井娃心地善良，就把鲤鱼放了。鲤鱼落水的一瞬间，变成一个美丽的姑娘，并告诉井娃，在他家西边的那口井中住着一条千年巨蛇，巨蛇喷吐的毒气正是周围居民染上怪病的原因，染病的人只有喝了巨蛇的血，病才会好。第二天，井娃拿着鱼叉不顾身跳入井中，与巨蛇奋战三天三夜。巨蛇最终被杀死，井娃也流尽最后一滴血。人们喝了井中的血水，果然病都好了。娃娃井于 2006 年 6 月被公布为市级文物保护单位。

娃娃井的传说

运河御码头　　石码头是清江浦一处历史古迹，位于淮安大运河文化广场东面的越河北侧，是明清以来淮安重要的商埠码头，因码头台阶皆以石料砌筑而得名。相传明清时期，帝王沿京杭大运河巡视时，曾在石码头舍舟登陆，进入清江浦城，故石码头又被人们称为御码头，旁边还建有"御码头"碑及碑亭。如今的运河御码头一带，被升级改造为"御码头美食一条街"，街道两侧淮扬菜名店、老店、创新店鳞次栉比，还有各种地方风味小吃摊点。御码头美食街的南侧是风景如画的中洲岛，北侧则有仁慈医院旧址（今喜马拉雅音乐书房）和赛珍珠声音博物馆等重要文化遗存。

清江浦之御码头

里运河文化长廊的建设以里运河市区段为中心，修缮恢复了一批沿河古迹景点，使古迹文物有了再现荣光、服务当代的机会。北岸有清江浦名人故园（程莘农故居、"三范"故居纪念馆）、御码头、济安水龙局、水渡口等景点，中洲及南岸有清江闸、陈潘二公祠、御龙园等。里运河北岸的御码头正是淮安明清时期"南船北马舍舟登陆"的重要交通节点，并形成繁华的街市。沿街望去，面水的仿古建筑群形成了约500米长的老街，汇聚多家餐馆饭店和各式各样的美食。

街的临河一侧建有一碑亭，亭内立有一座大碑，是当代名家书写的"御码头"三字，侧旁连体便是一座石头建成的码头。这个码头不大，沿河长丈余，呈长方形，阶梯式延伸至水中。资料显示，码头始建于清雍正六年（1728）。由于其台阶均由石料砌筑而成，故名"石码头"。更由于乾隆帝数次南巡，曾在这里登岸巡察，面见地方官员，就有了"御码头"的名号。作为地方一景，"御码头"可以反映帝王曾经来过这里，这里的山水风物曾得到朝廷的关注和了解。"御码头"是皇帝直接体察民情、视察水利和各项工程、亲聆民间真实情况的见证。可皇帝才来过几回，码头更多的是地方民用。日复一日，年复一年，官船民舟，撑篙摇橹，上上下下，南来北往，不息川流。石台阶上留住了足痕，却留不住烟雨风云。

说起"御码头"，我见过多处这样的遗迹。扬州有一处"御码头"，坐落在天宁寺南面的运河边上。乾隆十八年（1753），扬州盐商于天宁寺西园筹建行宫，三年而成。行宫前建御码头，颇显豪奢。康熙帝五次南巡，均在天宁寺西园的行宫内下榻。乾隆帝南巡时游瘦西湖也由此登船。此"御码头"为青石所砌，历经二百多年风雨，至今完好无损，坚固如初，侧旁有碑亭，碑亭中的"御码头"三字依然苍劲有力，像个忠于职守的兵勇。

淮阴马头镇的"御码头"，明代的正德帝、嘉靖帝，清代的康熙帝、乾隆帝，均曾到此停舟登岸，视察河工。现在这里只保留了"御码头"石碑和碑亭，而码头的基本原形已经不在，空留碧清的河水静静地流过，没有一丝杂念。

淮安河下古镇"御码头"的史志记载就较为丰富了。由于大运河过此，原来的码头就建得较阔气，以迎各路达官商贾。明正德十四年（1519），

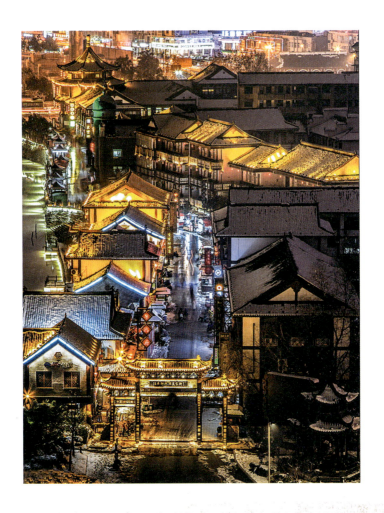

武宗朱厚照在此"御码头"舍舟入城，驻在尚书金濂府邸。明崇祯十七年（1644）福王朱由崧由此"御码头"登舟南下即皇帝位，建元弘光，史称南明王朝，遗憾的是朱由崧次年即被杀害。清康熙四十四年（1705），康熙帝第五次南巡，在河下古镇此"御码头"登岸，赐绍隆、湖心、大悲三寺名为湛真、佑济、闻思，并赐御书匾额。乾隆十六年（1751），乾隆帝首次南巡，由此"御码头"登岸览漂母祠，赐七律诗一首，有御诗碑在；复巡视城北河堤，命改石工，赐御制《阅淮安石堤》等诗碑。乾隆四十九年（1784）乾隆第六次南巡，在萧湖荻庄就寝，留下诗碑。

　　古时候帝王出巡多走水路，沿途"御码头"就多一些，有建得大一些、奢华一些的，也有小一些、简朴一些的，多少都会要求显示帝王气派。河下古镇现在的"御码头"是2003年重建的，重建的"御码头"虽不见当年风采，却有着当代人对古时远去的追思。

　　走在御码头街，目睹橱窗中琳琅满目的美食，闻听着各种叫卖声和食客的笑语欢声，觉得这似乎是我们祖辈先人不曾有过的生活。乘着画舫游船，徜徉在里运河灯光旖旎、乐曲悠扬的画廊般的水面时，左岸楼宇飞檐雕角，霓虹灯炫彩炫色；右岸的佛塔层层铃响，灯光绘出的轮廓直插幽秘的天空，考问过去，冥想未来。

　　　　　　　　　　　　　　　　　　　　　　　　　　　　　　　（叶江闽）

思味停船御码头

　　乘流而来帆樯满，闻香停船御码头。御码头坐落于"南船北马舍舟登陆"之处，这里是清江浦历史上的繁华热闹之处，而今有闹中取静之境。御码头傍于里运河畔，东西长四百多米，全街建筑古朴典雅、外饰精致，凸显古色古香的明清风格。漫步街中，仿佛穿越至明清时的美丽秀雅。

　　河畔御码头始建于清雍正六年（1728），码头台阶为石料砌筑，故又名石码头，船只可在此登岸。清代石码头大街骡马车行，商贾如云，酒肆密集，繁盛无比，有"九省通衢"之美誉。康熙、乾隆二帝下江南，多次在这里登临视察水利、体察民情。作为明清时期淮安具有"南船北马"重要交通枢纽地位的象征，御码头遗址在2007年被列为"淮安市十大历史文化古迹"之一，并在附近立起了"南船北马舍舟登陆"的石碑。历史的风烟几多沧桑，掩不住御码头石碑矗立的风姿。

　　当年皇帝行驾经过时的威仪和宫娥艳丽的倩影都已消逝，只有运河水还静缓深流，历史在别处吗？走上这条街，你会深切感受到里运河畔今胜昔。迎面是御码头"纵贯三千里，百里画廊塑运河中枢；开埠六百载，南船北马现繁华盛景"的历史与现代交织交融的美景。往里走是"粉墙黛瓦，神州底色；淮韵京味，华夏之美"的淮扬菜品鉴馆，可以品尝到正宗的淮扬美食。再往里走是依托历史遗存仁慈医院旧址建成的"身临其境，听古韵京风；赏心乐事，品人生滋味"的江苏省首家喜马拉雅音乐书房，还有依托赛珍珠声音博物馆建成的爵士酒吧，依托福音堂建成的音乐西餐厅，依托校园旧址建成的音乐卫生间，等等。置身这一高雅唯美的城市会客厅，不仅可以感受到"建筑是凝固的音乐，音乐是流淌的建筑"，动静相融、视听相合的艺术审美之境，也可以感受运河历史的深远与运河文化的博大。人们在音乐中得到心灵的滋养，享受生活的美好。

"灯火家家市，笙歌处处楼。"历史的繁华在这里呈现，历史的足迹穿越岁月风尘健步而来，古色古韵的街区以崭新的风貌带给人们全新的体验，让人们放慢脚步，放松心情，且行且品味。品味碑铭石刻，品味里运河风光，品味传统淮扬名菜、创新菜，别是一番滋味在心头。

"夜入楚家烟，烟中人未眠。望来淮岸尽，坐到酒楼前。"这是唐代诗人项斯《夜泊淮阴》中的诗句，诗情画意中足见当年淮扬美食的鼎盛。而今，焕然一新的御码头运河文化美食中心不仅仅是一个美食符号，更是一个文化符号。"一席半斋"的淮扬菜馆依旧宾客盈门，"一方玉壶"的美谈仍在传说，唐明皇喜食清蒸白鱼、杨贵妃与脆皮乳鸽的故事还在讲述，千滋百味的美食文化一脉相承，人们在品尝美食的同时亦品味源远流长的深厚文化。

传统淮扬名点中，百年文楼的"蟹黄汤包"则是一绝。文楼的蟹黄汤包，用料做工非常讲究，皮面筱薄，点火就着，馅心以肉皮、鸡丁、肉块、蟹黄、虾米、竹笋、香料、绍兴酒等十二种配料混合而成，先加热成液体，后冷却凝固，包入馅内。热包汤汁吸入口中，又鲜又腻，回味无穷。

清同治十年（1871）创办的震丰园大有来头。相传乾隆皇帝南巡到淮安，看到这里的面条根根利利爽爽，清澈的面汤散发着扑鼻的油花与蒜花的香味。乾隆吃后赐名"阳春面"，寓意漕运要地淮安像春天万物生长一样，生机勃勃，又像这面条一样，连绵不断。这御笔赐名"阳春面"的面馆便是震丰园的前身。如今，这家百年老店求新求变，炒米馄饨也是远近闻名。馄饨皮极薄，放在掌上可透见指纹，馅心选用精猪肉，用刀拍打成细肉糊，下锅煮沸，捞起后还需放入六种佐料，方可享食。

御码头运河文化美食中心，一个运河文化和淮扬美食文化相融的文化街区，一个饱含深厚文化底蕴的地方，一个前世今生俱是风景的地方，等待您的到来。

（陈亚林）

济安水龙局　　济安水龙局位于长东街道越河街 54 号，属于民国时期消防建筑。当年街道建有很多商铺，由于担心失火，商人和民众集资建成了济安水龙局。门额上有"济安水龙局"字样，旁有"民国七年商民共建"字样。现存小瓦平房 1 座，面积约 30 平方米。2006 年 6 月被公布为市级文物保护单位。

清江浦铁路　　早在光绪六年（1880），晚清名臣刘铭传就提出兴建铁路的设想。鉴于清江浦自明代以来在南北运输中的地位，刘铭传在奏折中提出要建的第一条铁路就经过清江浦，他认为"中国要路有二：南路一由清江经山东，一由汉口经河南，俱达京师；北路由京师东通盛京，西通甘肃。若未能同时并举，可先修清江至京一路"。光绪帝及清政府对此非常重视，让直隶总督李鸿章等人审议。后来，尽管李鸿章极力赞同，但"以廷臣谏止者多，诏罢其议"。

　　时隔 15 年，光绪帝命张之洞遴选人才，筹议清江至京师建铁路等事宜。作为湖广总督的张之洞认为修铁路"卢汉为要，江宁、苏、杭次之，清江筑路非宜"。到了光绪三十四年（1908），清政府派詹天佑等人勘察清江浦至徐州一段路线。不久，作为清江浦至徐州铁路一段，清江浦至西坝的铁路正式开工建设，并准备以清江浦为苏北铁路枢纽，继续修建"苏路北线自清江经桃源、宿迁、徐州以达豫，复自清江东北接沭阳以达海州，又由清江南至瓜州各线"。后由于此时清政府已处于风雨飘摇之中，无力进行这么大的工程，结果只修了清江浦铁路头（臧家码头）到杨庄一小段，全长 9 千米。宣统三年（1911），这条铁路竣工通车。到了民国七年（1918），"杨庄支线拆除，清、坝一段，仅以运盐。民国十六年，盐车亦停；十七年，并轨道亦拆去之矣"。

记忆像铁轨一样长

梦醒梦圆，一梦百年。这是清江浦人的铁路梦。

"惟铁路一开，则东西南北呼吸相通，视敌所趋，相机策应，虽万里之遥，数日可至。"这是早在光绪六年（1880），刘铭传给光绪帝的奏折中首次提出兴建铁路的设想。而且，鉴于清江浦明代以来在南北运输中的枢纽位置，奏折中提出要建的第一条铁路就经过清江浦。

说起淮安的铁路史，地方文史专家杜涛回忆说："上小学时，听外婆说，小时候在水渡口不但见过铁轨，还看到过火车在上面跑，我还很奇怪，因为20世纪90年代，淮安并没有一寸铁路啊。"

原来，百余年前的清江浦，曾经汽笛声声、铁轮滚滚。但仅仅运行18年便中断了，其后历经了70年，像一个经年累月的梦，断断续续，一梦百年。

百余年前，清江浦曾迎来一次难得的历史机遇。洋务派领袖李鸿章向光绪皇帝和慈禧太后提出修建从清江浦到京城的铁路，便利南北运输和国防。这是中国铁路史上中国人提出的第一个修筑铁路计划。

然而，清江浦的铁路梦没有实现。修铁路一事传来，竟引起当地官商士绅的恐慌。保守派认为，如果修筑清江浦到京城的铁路，洋人肯定会强迫清廷开放淮安为通商口岸，而且洋人也会利用铁路侵入中国内地，甚至可直达北京城。另外，修建的铁路还会毁坏沿线的土地，破坏风水。还有与运河直接相关的因素，一旦铁路修通，铁路运输取代运河航运，运河沿线如淮安、清江浦、扬州等这些地方的经济基础都会受到影响，这将对"靠河吃河"的地方经济产生极大冲击。清江浦的铁路进程步履维艰。

虽然淮安通往京城的铁路成为泡影，但里运河畔还是修起了一段短途铁路。光绪三十二年（1906）十二月，张謇等江苏士绅计划以清江浦为中心，修筑清徐（清江浦至徐州）、瓜清（扬州瓜洲至清江浦）、海清（连云港至清江浦）等多条铁路。经过铁路公司努力，宣统二年（1910），自清江浦臧家码头（今清隆桥附近）到西坝、杨庄的一段铁路建成，并很快投入运行。但没过多久，伴随当时资本市场的风云变幻，江苏省铁路公司资金链断裂，宣告破产，铁路修筑权被收归国有。随后，辛亥革命爆发，清王朝土崩瓦解，其后的民国时局长期动荡，清江浦的铁路梦姗姗来迟，又戛然而止。

民国初期，清江浦铁路还能通到杨庄，长度仅存9千米，主要用于将在西坝集散的淮北盐场的盐运至里运河边，再装船运往南方。然而，这条小铁路没能与全国铁路干线连接，而且伴随着津浦铁路的开辟、沿海海运业的发展，以及西坝盐业集散中心地位的丧失，清江浦铁路陷于绝境。据档案记载，1927年，清江浦铁路停开，1928年被拆除，仅运行了18年。

2005年，新长铁路通车，淮安真正的铁路时代终于揭开序幕。2019年12月16日，徐宿淮盐铁路正式开通运营；2020年12月11日，连淮扬镇铁路全线开通，里运河畔的清江浦，从此进入高铁时代。

铁轨长长，漂泊的欲念和回归的渴望交糅在这里，离别的泪水和重逢的喜悦交织在这里，哽哽咽咽又欢欢喜喜，清江浦人对铁路的记忆会铺展得越来越绵长，越来越坚实。

（陈亚林）

 清江浦楼　　清江浦楼位于清江街道河南西路、淮阴卷烟厂北面河堤，始建于清雍正七年（1729），为一座起脊两层小楼，砖砌东西向拱门通道，门额上方各嵌刻有"清江浦"白矾石匾一方。明清时期，清江浦楼立于里运河畔，南来北往的船只皆以清江浦楼为方向标记。那时，里运河千樯如林，百舸争流，漕盐纷至沓来。19世纪下半叶，兴海运，废河运，清江浦由显赫至极

而一落千丈，清江浦楼逐渐淡出人们的视野。1987 年 9 月，清江浦楼被市政府公布为第一批市级文物保护单位；2006 年，被公布为全国重点文物保护单位京杭大运河的重要节点。

清江钟楼　　清江钟楼位于越河街与圩北路交叉口，1925 年由美国传教士和中国信徒共建。钟楼由楼体及教堂两部分组成。楼体呈正方形，边长 3 米，高 8.3 米，西、南二面门楣匾额上分别镌刻"以便以谢"四个字。教堂与楼体相连，原五间，现毁损。1953 年，淮阴县基督教会第二次代表大会曾在此召开，后来钟楼由五金一厂使用，1993 年产权移交清河区政府，2011 年清河区政府对其进行了维修，目前整体状况较好。2009 年 6 月，清江钟楼被淮安市人民政府公布为第四批市级文物保护单位。

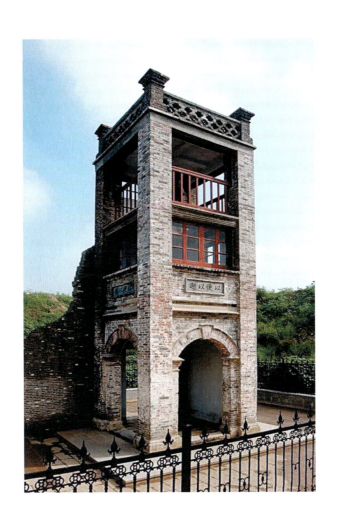

中共淮盐特委旧址　　1928年7月，中共江苏省委为加强对秋收斗争的组织领导，通过了《关于江苏农民秋收斗争决议案》。10月，中共淮盐特委在涟水县小北集成立，确定以阜宁、涟水、淮安、淮阴四县为中心县，以淮安城及所辖的河下镇、淮城镇、清江及王营、西坝为特别注意区，同时派人到洪泽湖、大纵湖及潮、射两河入海处工作，作为以后战略退却之地。中共淮盐特委还注意各县之间的工作联系与配合，促成工人、农民、学生等群众组织的自行联合。经过一个多月的恢复整顿，党组织有了较大发展。据统计，当时中共淮盐特委辖区共有中共党员3500人以上。

为更好地开展淮盐地区的党组织活动，1929年2月，中共淮盐特委机关由涟水乡间搬至淮阴城，设在古虹桥5号（今清江浦区闸口街道博古社区花门楼巷12号）。此后，在中共淮盐特委领导下，淮安地区的工人、农民和学生开展了有组织的斗争。

1929年10月16日，为加强中共地方党组织的工作，使江苏省委与各县委的关系更加密切，省委决定撤销淮盐特委，所辖各县县委归省委直接指挥。

周恩来童年读书旧址　　周恩来童年读书旧址是江苏省爱国主义教育基地、江苏省学校德育基地，是周恩来 6 至 10 岁时在清江浦读书居住的地方，旧址的匾额由李鹏同志题写。这是座明清风格建筑，包括"童年周恩来在清江浦"展厅、周恩来外祖父万青选陈列室、陈家花园塾馆、石板街、周恩来一家居住过的四合院等展陈场所，还有为青少年设立的"一品梅"活动室。院内有一株周恩来小时候亲手浇培过的蜡梅，树冠达 30 平方米，人们称其为"一品梅"，寓意周恩来"官居一品、德至一品、人至一品"。1979 年，著名书法家谢冰岩在参观旧址之后作五言诗一首："铁骨凌霜健，疏影映空阶。年年花劲发，仍为伟人开。"每年冬天，花蕾绽放，幽香清远，游人络绎不绝，一边赏梅，一边缅怀。

苏皖边区政府旧址纪念馆　　苏皖边区政府旧址纪念馆于1985年10月经中宣部批准成立，先后被评为省级爱国主义教育基地、全国重点文物保护单位、国家AAA级旅游景区、国家三级博物馆、省首批文保单位开放等级一级单位、国家人文社科示范基地等。作为苏皖边区政府驻节办公之所，苏皖边区政府旧址记录了我国新民主主义革命的一段重要的历史，浓缩和诠释了丰富的历史遗存和革命文化。纪念馆现占地面积1万多平方米，建筑面积约5千平方米，包括5个部分的基本陈列，即苏皖边区革命史陈列、李一氓生平事迹陈列及李一氓骨灰敬撒处、苏皖边区政府主要领导人及部分厅局办公场所原状陈列、苏皖边区政府交际处原状陈列、刘瑞龙生平事迹陈列。

氓公亭

1990年12月，曾担任过苏皖边区政府主席的李一氓驾鹤西去，享年87岁。按照李一氓的遗嘱，他的骨灰没有回到四川彭州，一部分撒在涟水、泗阳、淮安等地，一部分便安放在苏皖边区政府旧址西北角的后花园。清江浦人为这位功勋卓著的老首长、老朋友修筑了氓公亭。

　　在车水马龙的淮海路中段，走进苏皖边区政府纪念馆，如从闹市走进了深山，走进纪念馆后再转入后院的珉公亭，那就是走进了深山里的幽谷。

　　这样看似无心的安排，是上苍的眷顾，还是冥冥之中的定数，似兼而有之。表里的闹市之闹、深山之深、幽谷之幽，像极了李一珉一生的轨迹，像极了他秉持一生的风骨。

　　李一珉，这位来自四川的青年，读书交友明理之后便坚定不移地信仰共产主义，为建立一个理想的，没有人压迫人、人欺负人，平等自由的社会，投身浩浩荡荡的土地革命。在外敌入侵、山河飘摇之际，他投入血雨腥风、拯救民族的大潮。

　　在抗日战争的五年时间里，李一珉在素有"洪水走廊"之称、贫瘠不堪的苏北，与淳朴善良的苏北老百姓，共同抵御日寇的侵略。这五年，也是李一珉一生中最值得记忆的时期，他不仅与苏北的老百姓经历了血与火的考验，建立了鱼水关系，他的经世之才也在此得以充分展示。

　　由于战争与水患，当时的苏北大地满目疮痍，民生凋敝。但在共产党的领导下，李一珉联合各界人士齐心协力，各项民生都得以恢复。水利重修，学校恢复，文化初兴，医药保证，商业搞活，法治跟进，显出一派生机。

　　李一珉是一个读书人，或说是儒风十足的共产党读书人，他看到了民众的力量，看到了革命的理想在一步步实现，也看到了自己的人生价值，那是何等的欣慰，又是何等的刻骨铭心。

　　骨灰融合在这片魂牵梦萦的土地，真是最好的选择。

　　仲秋午后的一天，我又来到苏皖边区政府旧址大院。穿过走道，踏上青砖铺设的绿荫小径，馨香扑面而来，那是桂花开了。树的尽头便是后花园，近看，园内小桥流水，栽植各种树木，地上绿草如茵。在繁茂的松竹的映衬下，左侧的假山、右侧的珉公亭显得很宁静，红色楷体镌刻的"李一珉同志骨灰敬洒处"尤为肃穆。

　　珉公亭上挂着书法家戚庆隆古朴遒劲的行楷对联："万花种就江山阔，志士生成肝胆多。"读着联语，联想到珉公一生，不禁神色庄重，敬畏之心油然而生。"有的人活着，他已经死了；有的人死了，他还活着……"臧克家的诗句无由涌到心头。

（吉长虹）

清江市图书馆旧址　　清江市图书馆旧址位于清晏园南侧、环城西路与人民南路交叉口。图书馆始建于1958年10月，1959年5月1日正式对外开放，初名"淮阴市图书馆"，1964年更名为清江市图书馆，曾与清江市博物馆、清江市文化馆合并为"清江市毛泽东思想宣传馆"。清江市图书馆主体建筑包括东、西两座楼，西楼700平方米，共3层，青砖灰瓦；东楼1200平方米，混凝土结构。淮安市图书馆迁至文旅新区后，清江市图书馆旧址经修缮改造，先后设有文津书房和淮安市政协文史馆。图书馆旧址在2017年7月被公布为市级文物保护单位。

淮阴地区电视转播台机房旧址　　淮阴地区电视转播台机房旧址位于江苏省淮海剧团院内东南角，坐北朝南，砖瓦结构式建筑，建于20世纪70年代，面积268平方米。这座机房曾经是淮阴地区建造的第一个电视转播机房，1971年10月1日，在此机房进行首次电视试播。电视转播机房的建成和投入使用，标志着淮阴地区广播电视事业发展迈上了新台阶。2017年7月，该旧址被公布为市级文物保护单位。

清江文庙　　清江文庙南北长约 200 米，东西宽约 70 米，始建于 1530 年，后多次圮毁，现重建大成殿和崇圣殿。大成殿位于文庙中轴线中心，是文庙的主建筑，石基高台，单檐歇山顶，龙脊鱼尾，飞檐翘角，四周有回廊，面阔 5 间 24.6 米，进深 3 间 9 檩 13.7 米，通高 15 米，面积 520 平方米。崇圣殿位于文庙的后部，悬山顶，面阔 5 间 21 米，进深 3 间 9 檩 11 米，脊高 11 米，檐高 8 米，建筑面积 231 平方米。清江文庙为苏北地区所存不多的典型寺庙建筑遗存，2002 年 10 月被公布为省级文物保护单位。

清江浦文庙记

接邗沟，连清口，汇厂、仓，控枢纽。清淮八十里居中，繁华数百年非偶。此清江浦也，初为山阳巨镇，实乃运都心膂；继为清河县治，遍布河漕旗鼓。

剧邑昌文，主事邵公启庠序；弘儒尚学，清江书院隆吉土。延至康熙戊寅，于成龙奏升学宫；道光癸未，黎世序重塑恢宏。咸丰庚申，毁捻军流劫之火；同治乙丑，赖吴棠再造之功。

何期三周星而科举废，两河畔而新学兴。西城之书声琅琅，北郭之农技营营。千秋文庙，一旦空名。更有甚者，建公寓而假宫墙，易殿堂以供庋藏。百年危殆，遍体鳞伤。所幸国风鼎革，古城反思，基因重认，神貌难离。修

护清河县学，亦成众望所归。

今日之文庙，据里运河文化长廊之龙首，列古名贤雅筑祠寺于左右；隔河依黛瓦之街区，越路瞩名园曰"楚秀"。棂星熠熠，映曲阜之奎光；泮水潺潺，和礼乐以鸣奏。饰大成殿，立仲尼之伟岸；开读经堂，标崇圣之书院。寒暑假期，执经典而习之；四时八节，聚学童以修持。振纲常而崇礼仪，秉五德以张四维。

噫嘻！华夏仲尼，渊博雄奇，修身之本，准家以齐，治国绳墨，平世鸿基，与时俱进，万世宗师。尔欲非儒以向虚，牵发而离地，实可笑亦可嗤也！巍巍东岳，孰可撼之？浩浩运河，曲以贯之。

（苟德麟）

清江浦文庙赋

千年淮置，文运昌流；六百袁浦，地灵物秀。陈瑄开埠兴源长，邵公立儒崇景堂，书院为学宫，隶制属山阳，咸丰适兵燹，复建归吴棠，幸逢华盛世，颂儒恩泽长。

楚秀北瞩，龙跃池塘；慈云南壤，佛儒并扬；越河西比，碧柳烟翔；都天东眺，飞檐雕梁。居中立鼎四望，位列合参尊享，文气八维合，伦理五常强。学子弘仁道，万目举纪纲。循循以济世，善诱而明亮，推己及人，复礼以含章；慎独内修，时绥而温良。

棂门主耀，魁星放光，思接洪荒上古，哲被旷勃天地，俊才之所入，怀

策于庙堂。足履绳墨，标贤德以治国邦；行方致远，养浩然以存东方。状元桥之所隐，锦绣之所出；泮宫池之所藏，诚意之所仰。君子盈门，小人缺真。见夫子而叩拜，追先圣以心往。

大成帝师，十二哲侍，托卷书于廊下，临古风于堂上，君子不比，周旋于风物；高士重礼，金阳而清爽。三千弟子，受教而无类；七十二贤，洪钟而大向。铜身祥慈，韦编不易。万汇集于方处，易理发于黄河。垂范万世，太庙供享。地文及于苍穹，人性散于大野，一尘皆有本意，万物尽得自然，桃红芳洁，春来鸟雀清谈；松青伟坚，冬至霜雪迎寒。一庙所拢，万法肃然，夫子之真谛，化民于安澜，行孝悌以敬爱，筑仁义之高墙，遵礼法而重要，去可欲而贵常。

崇圣书院高廊翘檐，赤柱雄立，齐宇威严，履文石之途，陟凉墀而上，室置蒲团之座，墙悬夫子之言，弘道于开化，兴儒以千年，尽说《论语》德身铸，行方《中庸》执两端，齐家治国贯《大学》，《孟子》恻隐存浩然。布道循圣典，陋巷隐大贤。欲解人文意，揭开地理篇。春秋文运，汉风礼仪，周游列国适陈蔡之厄，推施仁政得君任之难。晚岁于间巷水滨，面流水而悟禅；游春野而兴怀，张琴弦以述志，晓齐鲁而达东山，目天下以仰独尊。一宇之覆，一宙之承，中轴之东圣，北土之高瞻，星河不逝，光追文明之渊；日月不老，时抱良品之贤。

尊儒重学，文昌座于淮安，尚善行道，仲尼在此设坛。先礼于曲阜，后制于漕南。民生生以朴谦，物美美而绵延。比邻相联，神悠而和颜；人物相安，亲近以爱揽。地生人恬，老者平易而清闲；天造至纯，少者放逐于禾田；大哉袁浦，大哉文圣，为真定以至善，高明出于至诚，伟达青霄，名流微妙，大宏以深意，子曰而崇高，珞珞如玉君子貌，彬彬文质怀士袋。

天之木铎，人信其说，先师教谕，万代传输。恪守大道，法之所向，修业进德，心之所往。

（沙立卫）

慈云禅寺　　慈云禅寺位于花街与承德路交会处。该寺始建于明万历四十三年（1615），原名慈云庵。清康熙十五年（1676），大觉普济能仁国师玉琳南游，于此说偈趺坐而逝。后康熙帝下诏，钦赐"慈云禅寺"匾额，改庵为寺。1987年9月，慈云禅寺被公布为市级文物保护单位。

清江古清真寺　　清江古清真寺坐落在古运河畔，十里东长街上（今越河街）。始建于明朝中叶，初时寺内"只草屋数间耳"。清康熙十七年（1678）至雍正七年（1729），社会经济发展，清真寺日显狭小，于是先人"慷慨捐资，酿金购料"进行改建、扩建。乾隆五十六年（1791）进行过一次大的修建，同治九年（1870）又进行第二次大的修缮，其时碑载："溯自乾隆以来，以草易瓦、增置寺产，隘者扩之，缺者补之。"后仅存礼拜大殿和蝴蝶厅，其中礼拜大殿面积达258平方米，蝴蝶厅面积约80平方米。改革开放后，清江古清真寺得到了多次修缮，成为淮安市"运河文化"新的亮点。2006年被列入全国重点文物保护单位京杭大运河江苏段的重要节点。

栖庐寺　　也写作接庐寺、棲庐寺，原坐落于清江市东风小学院内，曾是清江浦六大寺庙之一。据吴棠、鲁一同所修《咸丰清河县志》记载："栖庐寺在河南山清界上，旧名折芦庵，有无住禅师者，长沙人，学问淹贯，兼通堪舆、相人之术。明季举进士，知天下将乱，易僧服，国初至清江浦。有李姓者与之地而居之，署曰折芦，闭门戒诵，罕与人事。一日，姚江同知高某来谒，大相赏契，请为弟子，于是无住禅师名播公卿间。康熙四十六年，圣祖南巡召见，赐名栖庐寺。"遂名声大振。

解放前，寺庙毁圮，仅存几间房屋。后栖庐寺复建于淮安市清江浦区浦东实验小学院内，2009 年 6 月被公布为市级文物保护单位。

淮阴著名学者张煦侯在 20 世纪 30 年代所写的《淮阴风土记》中也提到栖庐寺。张煦侯还曾到访并与住持和尚交谈过，并通过一块旧时栖庐寺碑刻了解到寺庙的一些历史情况。

现今，复建的栖庐寺保存了有关栖庐寺及清江浦的部分历史资料，成为清江浦历史文化的重要见证。

毗卢庵　　毗卢庵位于环城路西侧，坐北朝南，被鳞次栉比的民居包围。据《咸丰清河县志》记载，毗卢庵建于清康熙三十二年（1693）。"文革"期间，庵堂被抄，所有佛像、经卷和宗教器物都被毁。毗卢庵原坐落于淮阴市第二中学和纪家楼小学中间地带，20 世纪 50 年代为了兴建淮阴市第二中学，遂将毗卢庵搬迁至今天的位置。

庵堂大殿为清式小瓦建筑，殿顶中间有一宝葫芦，两脊顶有螭吻，黄墙红窗，万字雕花隔扇更显庄重古朴。一般寺院庵堂都主供释迦牟尼佛，而这里却把一尊释迦牟尼玉佛供在偏室的东厢房内。相传毗卢佛是讲经说法的大佛，为释迦牟尼佛的老师，曾有"万佛绕毗卢"之说，所以，只能委屈佛祖释迦牟尼被供奉在东厢房了。

文会庵　　文会庵位于都天庙街前巷 31 号。建于晚清，现存大雄宝殿、玉佛殿、过殿、三圣殿等古建筑，2006 年 6 月被市政府公布为第三批市级文物保护单位。

青龙庵　　青龙庵位于越河街140号。南邻里运河，始建于清乾隆二十四年（1759），在偏房二楼的大梁上有"大清乾隆二十四年八月十五日主持比丘尼通福募建"的字样。清代这里曾因南船北马而香火旺盛。"文革"期间，寺庙遭到严重破坏，加上年久失修，残破不堪。2015年6月对青龙庵进行抢修和扩建，2017年10月完工。现已成为里运河畔一处宗教文化景观。

斗姥宫　　斗姥，也叫斗母，又称斗姥元君。斗是指北斗众星，姥就是母亲，斗姥也就是北斗众星之母的意思。斗姥宫为清江浦的道教场所，位于里运河南侧的吴公祠院内，总占地面积1000平方米，有前殿、中殿、后殿3个殿堂，均为硬山顶、抬梁式，青砖小瓦，古色古香，保存完好。前殿正面是里运河放生池，池上有七星桥，桥下池水清澈见底。后殿内塑有斗姥及其九子的神像，供信徒们祭拜。《乾隆淮安府志》记载，斗姥宫在淮安有两处：一处在龙兴寺旁，天启年间建，当大殿建成时曾有白鹤九只来朝；另一处在清江浦工部前。清江浦斗姥宫始建于明朝，清乾隆三年（1738）、十五年（1750）分别予以重建。由于战乱和时代变迁，早年的斗姥宫早已了无踪迹，现在斗姥宫所建的地方为清光绪三年（1877）建的栗大王庙的旧址。

都天庙　　　都天庙位于闸口街道都天庙街区，建于清乾隆年间，嘉庆十八年（1813）重建。民国二十三年（1934），马星孚、戴拱北二人在此庙内创建"国医学社"，招收学徒传授中华医学。同年夏秋间疫病流行，由中医药界在此庙内设"施医施药处"，为贫苦百姓免费看病施药，直至日寇侵华为止。1950年，淮阴大舞台设在庙内，演地方戏曲。后来蚕茧站在此开办，再后公安机关在内办公。现为道教场所。2006年6月被公布为市级文物保护单位。

关帝庙　　清江浦的关帝庙位于淮安市人民南路清晏园内西侧，又称武庙，始建于明崇祯十一年（1638）；清道光十四年（1834）重建，道光皇帝御赐匾额；咸丰五年（1855）升入中祀；咸丰八年（1858），河道总督庚长重建。关帝庙的大殿是典型的中式庙宇结构，对称庄重，飞檐翘角，彩绘描顶，气势宏伟。关公塑像左手捋长须，右手捧读《春秋》，既突出了美髯公关羽的阳刚之美，又展现了关羽的儒雅仁义。关平、周仓各立一旁，一个手捧汉寿亭侯金印，一个手拿青龙偃月刀，整体气势豪迈雄浑，令人赞叹不已。清江浦关帝庙声名远播，各地香客游人不断，是清晏园内最热闹的地方之一。

福音堂及仁慈医院旧址　　福音堂及仁慈医院旧址位于和平路御码头街区，由基隆东巷福音堂、和平路福音堂和仁慈医院旧址3处文物组成。现存基隆东巷福音堂为传教士米德安于1900年前后建造，为两层西式砖木结构楼房，东西宽11米，南北长16米，建筑面积约590平方米，现为赛珍珠声音博物馆。和平路福音堂为两层西式砖木结构楼房，东西宽12米，南北长13米，建筑面积约526平方米。仁慈医院旧址始建于1912年，现存"L"形两层砖木结构楼房一栋，面阔24米，进深7米，青砖小瓦，有踏步3处，占地面积约168平方米，建筑面积336平方米，现作为喜马拉雅运河书房。福音堂及仁慈医院旧址是早期江苏基督教重要的传教场所，也是苏北地区较早的现代医院遗存。2019年3月被公布为江苏省文物保护单位。

吴公祠　吴公祠位于轮埠路 141 号里运河文化长廊景区内。为祀漕运总督吴棠，于清光绪三年（1877）奉旨建祠，目前占地面积约 4128 平方米，祠内现有三堂。享堂 3 间，面阔 10.4 米，进深 6.9 米，悬山顶，明间高出 0.7 米，另起垂脊。墙上嵌有建祠记事碑石两方。祭堂 3 间，悬山顶。前堂 3 间。三堂之外另复建厢房 2 座，各 3 间。2003 年 3 月被公布为第二批市级文物保护单位。

最忆是吴公

　　吴公祠建设于清光绪三年（1877）。为纪念漕运总督吴棠，光绪皇帝下旨"准于清淮、徐州各建专祠"。《淮阴市志》中这样记载吴棠："自幼学习勤奋，'家奇贫，不能具膏火，读书恒在雪光月明之下'。举人出身，历任桃源、清河两县知县，邳州知州。桃源县俗好强悍，过去主政者'率以猛，棠独以宽'。经常到乡间巡行，'警恶怜贫，三年大治。调清河县，处理县界纠纷甚力'。邳州多盗，调任邳州知州，擒斩数百人。聘名士鲁一同修《邳州志》。清咸丰三年（1853），太平军攻占南京、扬州，淮上戒严，又调回清河县。到任之后，召集民勇，申明纪律，乡镇立七十二局，练勇数万，首尾联络。并传檄凤、颍、庐、泗、滁、宿、徐、海各府州县，共同防御。"虽然吴棠出身贫寒，但他努力勤奋，社会影响不断提升，成为那个时代的杰出人物。

　　清咸丰十年（1860），捻军攻克苏北重镇清江。捻军名将李大喜、张宗禹率主力两万人，由徐州附近南下，作为苏北重镇的清江浦因此而大规模战毁，清江浦、王家营、河下、板闸自此一蹶不振。咸丰皇帝闻讯，怒撤两个总督，擢升吴棠为淮徐海道道员，继擢为江宁布政使、漕运总督，扼守清江浦，让北方捻军与南方太平军无法汇成一势。清江浦本无城墙作防御，吴棠上任后，将自己的漕运总督府迁到清江浦，并于同治元年（1862）开始筹建石城。拆洪泽湖大堤武家墩以北石工堤，修筑清江城，并筑清江里运河南北土圩，上置炮台多座，以防捻军。同治四年（1865）秋竣工，一块块条石垒砌而成的新城高大坚固，重要部位的炮口直指对岸。与此同时，吴棠又创建崇实书院，建文庙大成殿，置义学四所。再招兵勇，组成民团，与守城兵共同防守。后来捻军再无来犯，清江浦百姓免于战乱。

　　于是，吴公祠便以倔强和傲然的姿态伫立在里运河畔，守卫着这座漕运之城，也凝视着这座城市日新月异的变化。

（陈亚林）

陈潘二公祠　　陈潘二公祠位于轮埠路里运河文化长廊景区内，是明、清两代为祭祀明代两位治水名臣陈瑄和潘季驯而建立的祠堂。该祠于明代正统年间敕建，初祀永乐年间首任漕运总兵官、平江伯陈瑄，俗称陈公祠。后在清乾隆年间，又加祀明万历年间总理河道潘季驯。现陈潘二公祠主殿大厅内通过图片、文字、碑刻等形式记载了二公的历史功绩，四周回廊上则通过瓷盘肖像这一独特艺术方式，集中展示了54位大运河历史名人的风采神韵。1987年9月被公布为第一批市级文物保护单位。

只有记忆不会遗忘

陈潘二公祠是淮安人民为纪念明代治河专家陈瑄、潘季驯而建的名人祠堂。该祠堂坐落在里运河南岸、清江大闸东边，大门朝北，面向里运河，背倚观音庵。门楣上有"陈潘二公祠"字样，门脸朴素、淡雅，青砖青瓦清水墙，屋顶飞檐向上，标准的明清淮扬建筑风格。

进入大门，向南看去，有一屏风，屏风上写着陈瑄的生平事迹。屏风的南边是一个天井，绕过回廊，可以到达陈潘二公的祠堂正殿，面南的一座房子，有巨大的木刻对联在大门两侧。

　　跨入正殿，陈瑄的塑像在右边，潘季驯的塑像在左边。陈瑄坐姿，须发全白，右手拿着笏板，相貌不怒而威；潘季驯须发皆黑，右手拿着卷宗。陈瑄是武官，潘季驯是文官，二位皆着红色官服。在明代，官服按照官阶配备色系，四品以上高官才可穿红色。

　　陈瑄是清江浦之父，最初的清江浦是条河，就是现在的里运河。1415年，陈瑄带领民夫勘察开通了四十里长河，名叫清江浦，从淮安到淮阴清口，省却了漕船在末口附近翻坝之苦。

　　自永乐元年（1403）陈瑄总督海上漕运以来，十三年间，船粮漂溺，损失惨重。永乐皇帝命工部尚书宋礼疏浚惠通河。1415年，全线贯通内河运输。但是，在局部地方要翻坝、越闸，漕兵非常辛苦，漕粮损失不计其数。于是，陈瑄一处一处排除障碍。在淮安，漕船从邗沟到淮河必须卸货盘坝，损失巨大。陈瑄在原沙河故道上开通一条河，并且在其上建了五座闸——板闸、移风、清江、福兴、新庄，用于调节水位，命专人负责，启闭有序，开关有时。

　　河流所到之处聚集了村落，形成了城镇。清江浦不仅是一条河，而且是一个镇的名字——清江浦镇。在清江浦镇上，陈瑄建了一个硕大的粮仓，叫作常盈仓，用于囤积漕粮，储备周转粮，满足军事所需、救灾所需、朝廷所需。常盈仓有八百多间仓房，囤积百万石漕粮。为了供给往来运漕粮的漕兵生活消费，足以让一个镇的人都忙碌起来，让一个清江浦镇日益繁华。

　　陈瑄因漕运所需，造漕船无数，为了监督船厂日常，六部中工部把分司建到了清江浦，陈瑄把自己日常办公地点建在清江浦。

　　陈瑄督理漕运三十年，最后死在任上，可谓鞠躬尽瘁、死而后已。在其身后，皇帝令人建陈瑄祠堂，命百姓春秋两祭。

　　陈瑄之后，潘季驯也成为治水专家，作出了很大贡献。后清乾隆皇帝命人把潘季驯的塑像迁入陈瑄祠堂，令百姓一并春秋祭祀。于是，陈瑄的祠堂里多了一位潘季驯，成为陈潘二公祠。

（陈冬梅）

碑　记

韩母墓　　韩母墓位于清江浦区城南街道先锋村，北距韩信城2.5千米。据传司马迁当年游历时曾亲赴淮阴，凭吊韩母墓。现韩母墓墓墩仍很高大坚实，南北长25.8米，东西宽26.4米，高8米。1987年9月，韩母墓被市政府公布为第一批市级文物保护单位。

谒韩母墓

　　韩母安葬于清江浦城南的小河村。一片茂密的树林，显得尤为旺盛。沿小路向里走，看见由青砖砌垒的四尺多高的围堰，墓上长满意杨，正前方水泥底座上立一高近两米的黑色大理石墓碑，墓碑上用绿色描绘、新魏体篆刻的"韩母墓"三个字，显得尤为庄重。墓左侧立一块"韩母墓简介"碑石，上面记载着当年司马迁游历淮阴时凭吊韩母墓的故事。旁边碑石上书"淮阴市人民政府一九八七年公布的文物保护单位"字样。

　　关于韩母墓，还有这样一个传说。

　　据说韩信很小的时候父亲就去世了，只有母亲和他相依为命，家境十分贫寒。在他十六岁时，母亲因劳累过度双目失明，从此卧病不起，韩信只好去给人放牛维持生计。后来母亲病重，韩信拿着家里仅有的一点儿钱出门寻找郎中。在匆匆赶路的过程中，发现前面不远处有两个人，一个又高又瘦，一个又矮又胖，两人不紧不慢地走着，一会儿东张西望，一会儿指手画脚，似乎在争论着什么。韩信觉得好奇，就悄悄跟在他们后面。只见两人走向路旁一块地势较高、长满野草的开阔地，胖子问瘦者："这正是我们要找的地儿，你觉得如何？"瘦者环顾一圈，没有言语。胖子滔滔不绝地说："这里北对运河，千里淮水，聚天地之灵气，实在是个风水宝地，身后葬身于此，子孙必有将帅之才、王侯之尊。"瘦者沉思半晌才答："师兄，这里是河流交汇之处，水流湍急，若葬身于此，必断子绝孙啊！"

他们争论不休，互不相让，实在难分上下，二人只得打赌以分胜负。胖子从包裹里取出一个鸡蛋说："我把这个鸡蛋埋在地里，约定三天后寅时，如鸡蛋能孵出小鸡，说明这是福地。"

韩信听说埋下的鸡蛋三天后还能孵出小鸡，非常惊奇。见他们走远后来到埋蛋的地方看了看，暗暗做下记号。

韩信侍候母亲吃了两天汤药，待她精神稍好了些，又煮了两个鸡蛋。想起了两人打赌的事，天还没发亮，他就拿了个煮熟的鸡蛋揣到怀里，来到高地胖子放鸡蛋的地方。正要扒土，小鸡崽已从土里钻出了小脑袋。韩信喜出望外，捧起小鸡放入怀中，将带来的熟鸡蛋埋到土里，顺手捡起地上的蛋壳。打赌的结果可想而知了。

韩信回到家中将小鸡放在母亲枕边。母亲听到"叽叽"的叫声，脸上露出笑意。这也是母亲留给韩信最后的笑容。韩信放声痛哭，背起母亲的遗体，走向那片高地，安葬了母亲。这就是现在的韩母墓。

（吉长虹）

高庄战国墓　　高庄战国墓 1978 年发掘于当时淮阴市郊城南乡高庄村，古墓共出土各类文物 291 件，其中有青铜器 176 件、陶瓷器 37 件、玉石器 9 件、骨角器 59 件、铅纺轮 4 件、木陀螺器 6 件。高庄战国墓的车舆铜饰件是淮安博物馆的镇馆之宝。这些文物既是判断墓主人身份的重要依据，亦是研究先秦时期政治、经济、军事、科技和文化的宝贵资料。

七里墩古墓群　　七里墩古墓群位于武墩街道王庄村西侧。呈东西走向，周长约380 米。20 世纪 70 年代时高约 7 米，现存 2 米多高，地表有大量砂浆，并能采集到陶瓷片。墩上原建有东岳庙，后迁移到马头镇。2009 年 6 月被公布为市级文物保护单位。

朱慕萍烈士墓　　朱慕萍烈士墓位于清江浦区人民南路西侧的清晏园内东北角。朱慕萍（1912—1949），原涟水县前进乡人。抗日战争时期，朱慕萍积极参加抗日救亡活动，参与组织涟水县抗日同盟会。1945 年 12 月，调任灌云县独立团团长，率部攻克东辛据点。1946 年，独立团上升为淮海一支队，他担任一支队参谋长。在险恶环境中坚持同敌人进行顽强的斗争，巩固和扩大了根据地，为配合淮海战役、解放新海连地区作出了突出贡献。后淮海一支队编为第三野战军第二七〇团，朱慕萍任团长。1949 年，奉命率部参加渡江战役，不幸牺牲，时年 37 岁。1958 年，清江市人民委员会在清晏园内为朱慕萍修墓立碑。

墓园又称朱苑，是江苏省不可移动文物，内设朱慕萍生平事迹展板。2009 年，朱慕萍烈士入选中共江苏省委宣传部、省委组织部等 13 个单位组织开展评选的"50位为新中国成立作出突出贡献的江苏英雄模范人物"。

淮阴攻城阵亡将士纪念亭 　　淮阴攻城阵亡将士纪念亭位于清江浦区人民南路与环城西路交叉口西南角，八角攒尖亭，亭内有碑，为纪念解放淮阴城而牺牲的新四军将士而修建。1945 年 8 月，新四军三师为消灭盘踞在淮阴城里的伪二十八师，扩大抗日胜利战果，在南门与顽敌展开一场恶战。战士徐佳标从云梯攀上城垣，被敌人砍断双手。为给后面的战友清除威胁，为了最后的胜利，徐佳标以令人难以置信的毅力和顽强的意志，用双臂艰难地移动身躯，用血肉之躯堵住了敌人的枪眼，英勇牺牲。战斗结束后，三师党委追认徐佳标为"淮阴战斗英雄"，并将英雄为之献身的城门易名为"佳标门"。

　　1946 年春，清江市政府在城南公园修建了纪念亭，不久我军北撤，纪念亭被敌军破坏。1985 年，淮阴市人民政府在英雄们当年浴血奋战、英勇献身的地方，修建了这座纪念亭，并由苟德麟撰写碑文，勒石于亭内。

圣谕祭祀碑 　　明宣德八年（1433），漕运总兵官、平江伯陈瑄去世后，于清江浦楼东立陈瑄祠，塑像崇奉。正统六年（1441）十二月，皇帝下诏，命官员春秋致祭，定为常例。清乾隆二十二年（1757），乾隆皇帝第二次南巡，谕以明万历年间河督潘季驯与陈瑄并祀，官员春秋致祭。此后即在恭襄祠内加祀潘季驯，改祠名为陈潘二公祠。新中国成立之初，陈潘二公祠饱受侵蚀，年久失修，仅存一座正殿，南向，单檐歇山顶，面阔三间，进深三间。陈潘二公祠内有明宣德八年（1433）和弘治七年（1494）圣谕祭祀石碑两通。两通祭祀碑高大厚实、古朴苍劲，并有些许裂痕，充满了历史沧桑感，具有极高的历史文化价值。

南船北马碑（南船北马钢雕）　　在大闸口景区石码头西面，有一"南船北马舍舟登陆"砖石碑。这是为了凸显作为运河要津的清江浦在历史上的重要交通地位而建。明清时期，清江浦以北的京杭运河，不仅迂缓难行，而且危险很大，断缆沉舟的事经常发生。因此各地行人商旅凡由南向北的，一般都到清江浦石码头（或臧家码头）舍舟登陆，北渡黄河到王家营再换乘车马；由北向南者，则到王家营弃车马渡黄河，至石码头（或臧家码头）再登舟扬帆。故人们就把这里称为"南船北马"之地，并立碑纪念。

　　进入 21 世纪，淮安市政府又在宁淮高速公路淮安南出入口处，建造了"南船北马"大型钢质景观雕塑。"南船北马"雕塑设计紧扣淮安"南船北马、九省通衢"的历史主题，主体由张开的风帆（向南方）和奔驰的车马（向北方）组成，是淮安城市标志性雕塑。整个雕塑造型酷似一艘巨船，有"张帆远航"之意，还有对淮安成为新时代"南船北马、九省通衢"枢纽之地的期盼。

澹泊宁静碑　　"澹泊宁静"是清康熙皇帝为河道总督张鹏翮所题。张鹏翮（1644—1725），字运青，四川遂宁人，康熙三十九年（1700）任河道总督。碑石右上方镌刻"康熙御笔之宝"印一方。左侧刻小字一行："康熙四十二年三月赐兵部尚书兼都察院左都御史总督河道张鹏翮。"碑面正中为"澹泊宁静"四个大字。"静"字下半部有缺损，后修补。石碑现存于清晏园。

绩奏安澜碑　　清代每有大水之后，河臣都要向朝廷上报"安澜"，是为定例。河道总督高斌较好地继承了靳辅的治河方略，进一步完善了"分黄助清"的措施，为黄河安澜、漕运畅通作出了较大贡献。清乾隆皇帝特御笔题写"绩奏安澜"予以嘉奖。"绩奏安澜"四字居于石碑正中竖排，右题"乾隆五年二月二十五日"，左题"赐总河高斌"。石碑现存于复建的江南河道总督署御碑园内。

乾隆赐总河御诗碑 此碑系乾隆皇帝赏赐总河高斌的御诗碑，末刻"乾隆御笔""所宝惟贤"印。高斌（1683—1755），满洲镶黄旗人，姓高佳氏，字右文，号东轩。雍正年间由内府曹郎累擢江南河道总督，治河十余年，官至文渊阁大学士，有《固哉草堂集》。碑刻现存于复建的江南河道总督署御碑园内。碑文内容：

赐总河高斌

禹功万古仰平成，疏浚随时赖俊英。

淮浦建牙资保障，黄流奏绩久澄清。

息机早是无穿凿，顺性犹然矢朴诚。

潘靳嘉猷编简在，千秋惟尔继贤声。

御笔

乾隆五年十月初

底绩宣勤碑 此碑系清乾隆皇帝于乾隆三十年（1765）二月十七日赐江南河道总督高晋的御笔题刻，是乾隆帝对高晋勤勉治水、功绩卓著的褒奖。高晋（1707—1778），高斌侄。1757 年参与治河，任至江南河道总督。石碑现存于复建的江南河道总督署御碑园内。

景美清江浦

三

清江浦人文荟萃、物华天宝，是一座生态园林水城。古淮河、里运河、京杭大运河、淮河入海水道穿城而过，二河风光带贯穿南北，形成"五河七岸"的独特景观。区内 A 级及以上景区 9 处，有"江淮第一名园"之称的清晏园，有尽收江南美景秀色的楚秀园，有冠绝三千里大运河的里运河文化长廊，有道教胜境、绿波浩渺的钵池山公园，还有水润雾湿、百鸟丛集的古淮河生态风景区等，其中的里运河文化长廊、御码头、清晏园还入选江苏省"运河百景"标志性文旅产品。所有这些丰富的文旅资源，不仅促进了地方经济文化发展，还吸引了五湖四海的客商、游客、学子。

园

景

清晏园　　清晏园是淮安唯一保存完好的清代古典园林，也是苏北地区最具代表性的园林之一，同时还是我国治水和漕运史上规模最大的衙署园林，国家 4A 级旅游景区，全国文物保护单位，国家水利风景区和国家水情教育基地，有"江淮第一园"之称。明永乐时，清晏园为户部分司公署，距今已有 600 余年历史。清康熙十七年（1678），在清江浦设官治河，河督靳辅在明代户部分司旧址"凿池植树，以为行馆"，后经历任河督整修，清晏园渐成规模。园内亭、台、楼、阁、假山错落有致，曲径、长廊、流水循环往复，四季花繁木盛、秀丽典雅，兼具南方园林之秀丽和北方园林之雄奇，为典型的古典园林景观。

"清晏园"园名由来与淮安饱受水患有关。当时淮安地处淮水之南，于黄、淮、运河交汇处，在全国水运交通中起着非常重要的作用，但淮河经常泛滥使淮安常遭受水患。为治理水患，淮安设河道总督，成为全国治水的一个重要指挥中心。嘉庆五年（1800），更名为"清晏园"。园内总督河道部院是清代全国最高的治水机构，是国家在京城以外专设的治河决策、指挥和管理机构，管辖黄、淮、运河。河道总督直接受命于皇帝，下辖四道、二十四厅、二十四（河兵）营，其"规模之大，县城无两"。

只此一园

说起园林，自然是苏州的好，千般万般的好。而如果你从苏州园林踱步出来跟我走进这座园林，恍惚中你会觉得仍在苏州园林中，视线却倏然开阔起来。这便是将北方的开阔与南方的玲珑糅进一个园子的"江淮第一园"——清晏园。

能担得起"江淮第一园"的名号，清晏园自有不俗之处。

不俗之一是南北交融、刚柔并济。南方与北方的人文与风景在这座园子里重重叠叠，幽静的亭台、精致的楼阁、婉转的小桥、曲折的流水，钟毓于一片平阔之地。苏州园林是犹抱琵琶半遮面的，地势上高低错落，精致中总觉有一丝逼仄感，于清晏园则抬眼便可见山、见水，见远远近近的景。

不俗之二便是历史底蕴深厚。园林因河道而生，距今已有600余年历史，曾为江南河道总督署，是中国治水史上唯一一座保存完好的衙署园林，见证了这座城市在中国水利史上的贡献与地位。清晏园几易其名，至清后期始名为清晏园，寓意河清海晏。这里是清代全国最高的治水机构，园内林林总总的碑文是形象的清代运河史，端庄和煦的文字背后是皇家对历任河道总督的嘉奖与督促。如今常有文史专家、书法家寻碑文而来，历史不只在书中，也在园中。

一座园林有了历史文化底蕴的加持，宛若内外兼修的美人，有三月烟花、花开满园，亦有文史漫漶的深痕。一个好的景点带给人们的肯定不只是眼目之娱，就像这个园子，在一园美景背后漫溢着历史记忆中一些鲜活的血肉。康熙第四次南巡时，河督张鹏翮将后花园整修一新，康熙觉得太过奢华，御

制《河臣箴》并赐"澹泊宁静",警示臣下。过去的人和事让这一园风景有了来处,有了可供游人细细品咂的诸多深意。

不俗之三是园林布局。清晏园具有私家园林诸多特色,作画般精心布局,深得"壶中天地",极富文人气。入园处是一片山石水域,这样的布局从一开始便让游人由世俗喧嚣模式转换入园林雅致之境。秋已深,园子安闲在午后的日光里,浪漫优雅,似一帧帧绚烂淋漓的水彩画。一步一景,时间悠缓,不思不念,"若无闲事挂心头,便是人间好时节"。若能以我心映照天地之心,生活便不缺风景。

园子巧妙得体的山水建筑布局纡余委曲,让人与自然诗意地融在一起。园中有座"唱晚亭",亭在高处,翼然令人心动。在亭中放眼望去,各色树木深蔚,倒映于水光波影中,清冽的空气中弥漫着草木水气清香,在这一隅高处,在深秋沉静的园中,格外怡情,分外悦心。

我在楼阁错落、曲径往复间走走停停,又在河边坐下。一位老人在拉二胡,泠泠若流水;一些人绕河健步走,散发生命活力;一些人在拍照、在闲步、在静坐,他们是这个园子的常客吧。大概每一个喜欢公园的城市人都有一个田园梦,"十亩之宅,五亩之园。有水一池,有竹千竿"。对于现代人而言,这样的田园梦似乎是奢侈的,而这个位居城南的园林无论你何时走进来,都仿佛走进了一个都市田园梦。

值得一提的是一处面水的建筑,水中有荷,天然灵秀,这处建筑就叫"荷芳书院"。隆夏之际,这里常举行一些文娱活动,是园中最热闹的一处。书院乃清代河督靳辅始建于康熙十七年(1678),"凿池种树,以为行馆",后屡经变故,现门侧楹联仍为旧句"名园别有天地,老树不知岁时"。这园中有许多老树,苍郁茂密,静谧沧桑,不知见识过多少风流云散,人事兴废。这里还有一处关帝庙,园中有庙的布局,使这一园子既有眼中景、过去事,亦有心中虔诚的愿想。

还有一些景中景，或静雅，或诗意，或雄阔。一个花瓣形拱门的回廊上书"梅花领"，门后果然是一片梅花树，无论寒梅是否着花，穿行于树，皆能领略梅的姿与容。"河帅府"飞檐直向高处，门口两座端庄的石狮子，仍能令人感受到昔日河道总督的威严。"今来雨轩"可听雨，落雨时节，设一壶一杯，听雨观景，自是人间风雅事。"蔷薇园"雅致纤细，花开时却是"满架蔷薇一院香"。还有"荷望阁""柳凭轩"，还有此时火红一片的枫树，让人想起雍正朝的嵇曾筠作诗炫耀自己修筑的"淮园"："不妨官舍似山家，寂寂空亭水弄霞。十亩莲塘澄晓镜，数枝枫叶敌春花。"

这里沉淀着城市辉煌的往昔，铺展着百姓平凡的烟火生活，既是日常的，又是风雅的。在看不到星星和月亮的城市森林里，在这里待一天，从日升到月起，从晨钟到暮鼓，看日出晚霞，感受河清海晏的闲逸生活。在此一园，生活如花如景。

（荣根妹）

楚秀园　　楚秀园地处淮海南路东侧，毗邻京剧大师"麒麟童"周信芳的故居，北与古慈云禅寺、文庙隔路相望，占地48公顷。景色秀丽、环境幽雅，且淮安旧时属楚，故名"楚秀园"。楚秀园充分利用地势平坦、河塘纵横的特点，取水为主的布局，形成北有雷湖、南有南湖、西有西湖、中有里湖的贯通回绕水系和湖中有岛、岛内有湖、岛岛相连的优美格局，并以植物造景，点缀亭台楼榭，成为绿水淮安的一个缩影，是人们游览休憩的好去处。整个景区设有集体健身区、运动休闲区、水上活动区、儿童乐园、老年休闲区、静态休闲区、水上舞台七大功能区域。主要景点有湖畔走廊、康熙诗亭、跃龙池、楚云台等。全园景观交叉重叠、错落有致，是供市区居民休憩和游览的一处优美绿色空间，同时也是一座景观丰富、人文气息浓郁的大型园林。

风景旧曾谙

　　正青春那几年，常来楚秀园。后来，许久不曾来了。本以为可以凭借回忆写出这个园子，然而一开始就卡住了，卡在模糊不清的记忆里。熟悉的风景成为千篇一律的黑白色，我们这一生因为熟悉，忽略掉多少风景、多少平凡美好的人事呢。

　　暮秋时节，再度走进这个园子，风轻云淡，秋高气爽，踱步于宽阔的"跃龙桥"，银杏大道辉煌一片。秋黄华叶衰，秋之黄总叫人想起衰败和凋零，然而，银杏的叶黄却是磅礴向上的，如梵高的向日葵之色，是生命

热情的外化。想起多年前也是一个深秋时节，也在这条黄灿灿的大道上与友同游，那天，蓝莹莹的天空下鸽哨声声，我们尚初涉人世，对人生的向往如银杏这色调，浓烈、自由、绽放，此景此情与往昔相通，如晤老友。

广场中间矗立着大型雕塑"尧舜天地"，使这个公园有了历史纵深感。两根红色立柱代表尧舜二帝共创天下，中间的水帘隐喻大禹治水的精神，高高的瀑布墙借用乐器编钟的肌理加以演变，"雕刻"出水的韵律。因此地旧时属楚，这个公园取名"楚秀园"，整个雕塑蕴含厚重的楚文化根基。

"跃龙桥"下的"跃龙池"亦与历史相关。相传明武宗正德皇帝巡游至清江浦，突发雅兴捕鱼，返京后竟一病不起。传说中的事真假与否都不再重要，但观眼前景，池中一石雕蛟龙栩栩如生，有跃出水面之势，此景祥瑞。

撩开视线，遥见精雅竹雕，与西大门相结合，巧妙进行园内外的过渡，恰如那句"楚楚临轩竹，青青映水蒲"。东行是绿意融融的生态广场，广场轴线连接着园内最大的游船码头。忆往昔，每至盛夏，与母与子与友畅游湖上，穿行湖面，"小船儿轻轻，飘荡在水中，迎面吹来了凉爽的风"，那该是一生中最无忧的时节吧。来年夏至，若再行船于此，是否还能寻回往日心境？楚楚谡谡，一岁有一岁的味道，一站有一站的风景。

这里是一片的斜坡，不远处的桂花香直入心田，已是桂花飘香的时节了。环绕里湖，映入眼帘的是水上杉林、湖畔走廊、水上舞台、环春榭。"舟在水中行，人在画中游。"此言不虚，不知不觉迈过碧云桥，来到一个大型

的儿童游乐园。初来这个城市时，在这里第一次坐了海盗船，当大船在半空中飞起来的时候，一颗心仿佛脱离胸膛不知往哪里飞去了，短短几分钟的时间仿佛已一生一世。一些岁月过去了，一些人遇见又告别，我已非当年那个有勇气历险的年轻人，如今只是一个看风景的中年人，俗世功名未遂，余生若能将风景看透，生命或许有些不一样。

环湖行上"映辉桥"，在这座拱度很高的石桥上，适度的起伏让沿途的风景有所不同。在桥上看一园秀景，树木秀然生蔚，湖水清静平缓。如果在春日，一定会观赏到"杨柳依依舞东风，花枝楚楚映日红"的美景。"一切景语皆情语"，将风景与内心相对照，用一路走来累积的情与理观照风景，便能在熟悉的地方欣赏到新的风景，似乎遇见一个新我，这是叫人欣喜的事情。

人们建设一座公园，将美景收摄其中，究竟为了什么？楚秀园建成三十多年，是储藏本地人许多回忆的公园。她的景观密度、活动趣味、人际接触都比较丰富，人们在此赏景、游戏、划船、散步，仿佛是工作与家庭之间一个有体温的衔接地带。这样一个公园并不能引发旅游的情绪峰值，但一个城市有了这样一个公园，就有了可以无痕衔接景与游的场所，是与日常生活相联系的心灵角落。

深秋时节了，园中枫树都进入最佳观赏期，或鹅黄，或金黄，或橘黄，或亮红，或艳红，或朱红，园里盛放着一个色彩斑斓的秋，空气中氤氲着秋日草木的芳香，一路走来，落英缤纷。这些年，走过一座座城市，看过一片片风景，游过一个个公园，楚秀园的风景仍如隔花初相见，风景旧曾谙。

（荣根妹）

楚秀园记

　　淮楚又一观，楚秀园也。遑暇无所为，甲午十一月四日偏阳，徒步往，心虽了然园，然冀有特立之观。

　　至园而入，则闻声激激，有水自壁而下，甚是壮阔，然与高巅瀑流比，则势不如，其形似疏发而不浑，其声如檐漏而不轰，使人闷绝，心不甚得，情不得发。缘右道而行，过一拱桥，玉石栏杆，卧湖之上。湖碧横铺，似园中之绿璞，静而不喧，柔而不糙，深而沉郁。近岸，以水涂面，靓肤光莹，遂生惬惬。之南岸，杂树丛生，昔之动物已然无存，举园而徙西北。繁花点点，榕树大杪，其间鸟鸣上下，或尖利，或低婉，或长吟，或短歌。下而数人戏掼蛋，雅而谐，喧而美，人鸟相戏，不亦乐乎！环园东行，则有月季园，绯色伏枝，数千呈蕊，星罗棋布，月华柳梢，男女闲逸，可溢人之情意，动人之心怀。往北，复过一石桥，绿竹迎风，剑叶玲珑，幽深寂然，虫声梦眠，雀影斜坠，一地衰草，土丘四围，箕踞草间，独樽醴酒，醉则仰卧，目接云蓝，旷荡心扉，则烦绪自消，觉天地一人而已。沐阳酣眠，醒梦同飞，或则远达异象，或则近临水榭，心空则无杂，静卧则大福。直至西霞上林，醒而折东北蹀躞，见一荷池，秋荷无盖，乱茎横斜，潦倒衰象，偶一鸟凌空，疾驰而去，风寒掠水，更添凄景，与夏荷相较，则怜夏而恨秋也！以其境过清，乃奔西北御诗亭，亭二层六角，绿瓦重檐，厅内有碑，刻乾隆嘉河功之诗，文字毁迹，亦难辨识，因其境过孤，乃记之而去。

　　楚秀之游，不在景在兴致，不在美在怡情也！楚秀之游，不在秋冬在春夏也！是时，楚地城内外，游人如织，比肩接踵，盛况非凡，笔触之间，皆情也！

（沙立卫）

月季园　　月季园位于楚秀园内东南部，占地 4.9 公顷，是集生产、科研、观赏于一体的月季专类园。据清刘传绰《月季花谱》记载，淮安月季盛于清同治初年，奇葩异品，多系种出。陈植《观赏树木学》中记载："月季之植，始于江苏清淮，而渐次播及大江南北。"在长期栽培繁育中，淮安保存了较多的古老月季品种。1986 年 12 月，市人大审议通过，将淮安人民喜爱的传统名花——月季定为市花。1986 年底开始建设月季园，并广泛搜集和引进月季品种。

石塔湖公园　　石塔湖公园位于清江浦运河北岸，与市青少年宫隔路相望，整个湖面约 400 亩。石塔湖原为城北部的汪塘，是堆放垃圾、排积污水之地，环境脏乱。1996 年 10 月开始全面整治石塔湖环境，并在此建设公园。经过半年多的艰苦努力，1997 年 6 月 1 日，石塔湖公园向市民开放。园内湖面开阔明净，林木郁郁葱葱，环境幽静，令人赏心悦目。辟有蜡梅园、海棠园、紫薇园、竹林、钓鱼池、泉石山林、银杏阁、玉茗轩等景点，成为市内不可多得的一处休闲型公园。

古淮河国家湿地公园　　古淮河国家湿地公园由古淮河河道及两岸堤内河滩、阶地组成。古淮河干流经淮安市区北部自西向东穿行而过，兼具自然河流与城市河流的双重特性。公园总面积为 246 公顷，其中湿地面积约占 58%。

　　2011 年 12 月获省级湿地公园称号。2013 年 12 月，经原国家林业局批准，开展国家湿地公园试点建设。经过多年建设，基本完成了合理利用区域的游览服务设施、科教宣传场馆、管理服务用房及整个公园内部道路系统的建设，大大促进了古淮河湿地保护及生态修复，改善了区域生态质量，促进了湿地资源保护和合理利用，丰富了城市公众休闲与湿地科教资源，也对旅游业发展具有积极的示范意义。

古庄牛生态休闲庄园　　毗邻洪泽湖畔，在淮河入海水道、二河交汇处环抱着一个绿荫如盖、碧水环绕的自然村落——和平镇古庄牛村。古庄牛村本着"政府引导、公司运作、村民参与"的指导思想，兴办具有观光、休闲、采摘、体验、垂钓、餐饮等功能的生态休闲庄园项目，并同步启动古庄牛村规划建设，在保护村庄原有风格的同时，提升基础设施配套水平，发展观光农业、高效农业、生态农业，建设生态环境优美、村民安居乐业、产业繁荣健康的美丽家园。现已获评江苏省四星级乡村旅游区，所推出的古庄牛牌系列有机绿色农副产品入选江苏省名特优农产品。

水景

里运河文化长廊景区　　里运河文化长廊景区是国家4A级旅游景区、国家级水利风景区、海峡两岸文化交流基地、江苏省中华文化海外交流基地，入选江苏省文旅厅"江苏十大新景区"、江苏"运河百景"标志性运河文旅产品、江苏省夜间文旅消费集聚区。集地方文化特色和古运河水景于一体，揽自然景观和人文景观于一处，是一个具有浓厚运河文化特征、浓烈地方文化气息、浓郁生态园林特点的综合性休闲旅游景区。人们在这里感受运河之美的同时，还能尝精品淮扬菜、品露营咖啡、听千年故事，享受夜游、夜购、夜食、夜娱、夜读等丰富多彩的"夜生活"。景区内分布着众多历史人文景点——世界文化遗产清江大闸、清江浦记忆馆、淮安戏曲博物馆、淮安名人馆、清江浦楼、陈潘二公祠、吴公祠、斗姥宫、程莘农故居、"三范"故居等。政府按照"文兴、水清、岸绿、业盛、人和"的思路，将里运河文化长廊清江浦景区精心打造成"城市会客厅"、古城复兴园和世界运河旅游重要目的地。目前，正积极围绕大运河文化带和国家公园建设，聚力打造具有地域特色、文化特质、时代特征的"运河之都百里画廊"品牌和大运河文化带标志性城市。

里运河游记

乙亥十月四日，会余生日，友唐古自杭洄淮，下车，吾接而往宴都，以大师级待之，白君、萧君佐席。四者皆好饮，酒洽礼席，论往之快意之篇章，谈及李白、苏轼皆开达风流者也，李贺、王勃才足而岁短，憾惜！今人多气不足，襟不开，以至于言多无直，泛于尘秽，屈于情志。白君曰：理趣已失，搜肠刮肚，多坠于倨慢。萧君曰：慨然发声，气薄浮，意未通，难究物之毫末。酣畅杯接，余四者皆有醉意，吾觉光阴不待，趁今宵月色，何不往里运河一览，皆以为佳。

由大闸口登舟，沿运河西往，过正闸，其水波缓平。是时，月悬木穹，姣色弥宇，又轻触舟身，光随波而动，意婉转不息，笑答间释怀，歌吟中昔飞。唐君斜襟，袒肩，宛若佛印，白君箕踞，萧君正坐，吾则趴腹。九天银汉，下界运河，星宿灿烂，华耀点点，欻有歌声渺茫，其歌曰：明月几时有，把酒问青天。唐君踏歌从之，余等和之，顿觉有苏轼赤壁之豪纵。

　　岸宅明线扑来，越柳而过，呈半昏半明，映射河上，交横成像，若山、若花，若鸟兽，舟波移动，其景又变，情态不一，令观者讶异，服于自然之造化，动出奇异，斯然也！

　　吾正注神间，忽有鱼跃水之声，望之，乃夜钓者，起钓，或曰：大鲤也！吾令棹者荡舟及堤，之夜垂者前，视其罟大鲤翻滚，月下鳞片熠熠，吾谓钓者，可鬻乎？曰：三百钱可也！吾探囊出三百买之，释大鲤于河下。唐君曰：释鲤河中去，明朝见喜来。萧君曰：慈心感日月，服下莲花开。吾与萧君扑舞，夜遘大鲤，幸甚！唐君要萧君为释鲤作赋，萧君应之。

　　舟荡开来，相谐间，舟已复转，舟行不过十里，其景何止千载，人生亦如观光，抛尘纳怀，取一乐一趣，即非常客也！梦之于此，化之于彼，等闲若明月，是非咸为风。今宵此游，酣醉如此，盖天地亦有此乐乎！

　　时，酒醒已半，白君、萧君归，吾偕唐君烧烤，复饮，曦白乃罢！

（沙立卫）

古淮河文化生态景区 古淮河文化生态景区是国家 4A 级旅游景区、国家低碳旅游示范区、国家水利风景区、国家湿地公园（示范点）、中国婚庆文化产业基地、中国家庭人口文化教育示范基地，江苏省自驾游基地、省级文化产业园，位于古淮河以南、深圳路以北、河畔路以西、新长铁路以东（水渡口大道以北南京路以东），面积 3.3 平方千米，以宁连路为轴，分东区和西区。东区占地 1900 多亩，主要景点有中国淮扬菜文化博物馆、长荣大剧院·荀派艺术馆、清江浦文化馆、城市馆、古淮楼·江淮婚俗馆、古淮河生态公园、净潭广场、鸿禧广场、红娘广场等。西区占地 3500 多亩，主要包括古淮河文化广场、淮安国际摄影艺术馆、淮安运动乐园、拓展训练基地等。

一园四季

工作之地旁侧是古淮河公园，偶尔会去园子里走走，深感一个园子的四季像生命的四季，四时风景各不相同，各有各的情与貌。

每次进园看到一些游人，便想如果我来介绍这个园子，不会单纯介绍建成时间、占地多大这些标签式的内容，我会把这个园子当作沈从文笔下的翠翠介绍给游客，告诉人们她是如何清秀洁净、充满生机活力。我会带游人走过她的四季，触摸她春日丝绒质地的芽绿，吹一吹夏日野林间凉爽的风，一起看晨曦日暮，在吊床的摇曳里听一河水兀自沉静下去，直到蝈蝈声四起，漫天星辰缓缓升起。

春日只从这园子经过，便觉一园春意往外溢，一直溢到心里来，恰似朱自清笔下"一切都像刚睡醒的样子，欣欣然张开了眼"。一切在萌芽、在生发，都有无限可能。用缓慢而深长的呼吸，感受这一园空气的新鲜。触目成春，柳芽的嫩绿、草木的淡绿、河水的青绿、天空的蓝绿，都在这一片春光里浸染着，我也沾花染绿的，成了春光里小小的一点春意。这园子是自然馈赠的美好空间，像一个未经世事染著的人，随性自然、浑然天成。古老的淮河在这里蜿蜒流淌，这个园子便叫古淮河公园。园内一草一木都依循着自然的节奏，春一来，花会开、草会绿，约好了般热闹。靠近一棵树吧，你会闻到树木的气息，古老、纯粹，将你带回儿时与植物相亲的生活。生命的早年有了与植物亲密接触的岁月，肉身会携带植物的秉性，草木忠厚，于人是一种滋养，在植物气息里成长的生命多诚实、善良。

隔段时间再去，一草一木的眉眼都长成了、长亮了、长美了，簇在一起蓊蓊郁郁的，仿佛忽然之间长大的孩子。夏日能量旺盛，是这个园子最盛大的季节。我在阳光旺盛的下午走进这个园子，高大的白杨遮蔽好了一路绿荫。走过树，走过水，走过自小熟悉的花花草草，弯弯绕绕地爬上一个高处，对一河水坐下。任阳光在树的上空兀自热辣，我自有这份清凉。万物相爱，这一园子的树啊，花啊，草啊，水啊，都与我心意相通。她们在这个园子里自在地平静生活，我来到这里，借助花花草草的灵气，将脱离自然轨道的生命重新拉来。人到中年，你一定会在某个时候，感受到生命是一团能量，只是已被我们徒然耗去太多，时间压缩了般，越来越不经用了。"草木有本心，何求美人折。"与这些草木闲坐,希望多一点儿草木性情,在走马观花的世间顺其自然地活着,拈花微笑,目送飞鸿。

秋之园更入我心,生命的秋季需要一个园子沉淀一个中年人无须声张的心事。刚进园子,头顶一片"噼啪"作响,竟是树叶在风中飘舞的声音连成一片,整个园子仿佛成了巨大的交响乐舞台。走在这宏阔的音响中,走在满目苍黄的林子里,感觉生命阔大又苍茫,竟觉"久在樊笼里,复得返自然"。河里荡漾一片迷狂的金色碎光,芦苇已有了"蒹葭苍苍"的深意。"淮野听风"露营基地与这个园子很搭,浪漫又野性。这些年来,我们用商业社会的水准规划生活,以越来越傲慢的文明遗弃野外无拘无束的生活方式,当"更上层楼"时,却被一只忧郁无力的手攫住。这个园子自带野性,若能露营眠于园内,感受野趣盎然的滋味,对于我们这些久居高处的人而言,也算扎根大地一回了。

冬日的园子大而辽阔,树木脱落了枝叶,视野一览无余。阳光薄金般铺展于尚未融尽的雪上,一切归于寂静,静得可以听见心声。走在园中,前方是通幽无垠的林路,两旁是夹道的高树。这些树兀自向高处立着,沉默而坚定,似乎非要在那虚空中注入一份笃定。风吹过来,爽利的冷中是一园林木

的萧肃。在这空而静的林子里，一个中年女子尚有看云的闲情，也有尤热的肝胆，还可以在花期已过后做一枚果，待果熟蒂落，复为一粒核，期待另一朵芽叶，完成另一片风景。

总说熟悉的地方没有风景，卡尔维诺在《看不见的城市》里说"看不见的风景决定了看得见的风景"，风景年年生长年年生息，只是日复一日中我们将一颗心过旧了。来这个园子走一走，看太阳一点点升起，一点点落下，花一瓣瓣开，复一瓣瓣落下，自然的东西都是缓慢的，人生的路也要慢慢走，细品一园四季、生命四季中的无尽情味。

（荣根妹）

古淮河生态园记

入冬寒气，裹衣待暖。行色一并冷知，看花尽叶残，寥落过板桥。后院枯枝已独向北，亭暂空，一流古淮水，仓色远逝，疏影横斜。一见总无天机，柳清瘦韵致化尽，风情随波逐流。池塘荷晚，亭亭歪杂，此象寒幽，不可久驻。虽云外有天，奈何几度易换。春风化了，冬风临面。

草黄苇白，寒鸦独栖冷枝，足底陡生空寞，岸迢水文，难牵曾经花事。吾登眺，方知万物推动，运转无偏，浮云起于树杪，华白莫过月宵。雀巢尤高，最怕风啸，北气频落，犹温春晓，灵鹊踪影，冽湖凄清，海棠归去，芳踪难觅，孤兔藏身，鸣鸟不出。此境地，唯吾与木亭不受此扰，亭四时如旧，余亦四时一心，逸怀俱性，放旷自达。

下得亭来，缘道北折行，入古生态园。园中萧冷，叶垒黄冢，明艳匿迹，金风嘲捶。高木参天疲为消释，竹生近地劲可拔势，或远或近，或止或行，或悲叹红装倏尔，或咏言此消彼长。有梨花无声，有寒石彻骨，琴声已消，暮色凉透，有晚景以作黄鹤，有诗情依然熟于清扬。变于浮生，安在尘世朝夕，图于无念，本就一抔净土。风雨满园，早已生物窥晓，一寸一丝，不过毫厘之别。风流过往无数，虚度多少锦瑟年华，春来发枝，夏至茂荣，秋临叶落，冬及烟飞，循环往复，无以息止。

周旅一园，星出明，风声起，冷幽尤加，乃疾出园，驱车而返，归而记之。

（沙立卫）

灵鹊湖记

望水亭东百武，古淮河生态园内，有湖，其名曰灵鹊。吾知其名之所由，其畔多槐杨，喜鸟筑巢于其上，数二三十，环湖俯水，其景独异，又以百鸟翔集于湖滨，饮渴聒噪，昔《禽经》云："灵鹊兆喜。"《雀登枝》词云："叵耐灵鹊多谩语，送喜何曾有凭据。"湖以此而得名。

余无一日不过其侧，缘径而行，有板桥横水，吾立于上，目游漫水波之文，时舒胸臆之事。吾知水难谙吾声，亦难知心曲，然习以为语，习以为常，一日不语而心忉忉失怀。

湖净如镜，树摇影杂，微纹波细，鱼游其上，独乐而忘其所游，摆尾下沉，似悚然而醒，疾振尾远去，余羡鱼之乐而无忧。鱼生于水而忘于水，人生于尘能忘于尘否？能生于其境而忘于其境者，必为圣灵也乎！是以入虚无之境。吾尝使己静而无妄，若鱼之自由，然难致其乐，是必心而有碍，未达无明，故唯徒观羡鱼耳！湖不渺阔，一目尽收，不可放远，唯得近物，人非远不行，其近亦有乎，盖心不及近也！

今灵鹊去余不远，幸得此景，而多吟漫于此，以情近吾者，唯灵鹊也！吾歌以恋之，歌云：灵鹊兮槐杨，筑巢兮湖旁，湖水兮青阳，熠熠兮放光，鸟喧兮激扬，飞飞兮皋黄。世事万物兮兴亡，皆得一时兮驰缰，吾知数载兮僻凉，难复今日兮模样。

歌毕抒怀大畅，踏节缓足而回。予以时近之而得其真，故志之，以留痕案头，示不忘也！

（沙立卫）

钵池山公园　　　钵池山公园国家 3A 级旅游景区位于主城区的中央商务区，建于 2005 年，为江苏省第四届园艺博览会的博览园。占地面积 1800 亩，其中水域面积 680 亩。公园因山得名。依史料记载，钵池山地脉自皖龟山东来，起伏过淮阴，抵达淮安老城北约 20 里处，复隆起蜿蜒，环绕盘旋。虽然体量不足以称山，但在一望无际的苏北大平原上，独此赤砂涌溢，实为山脉之终结，故以名山。山形环绕一周，四周又环之以水，"冈阜盘旋八九里，形如钵盂"，故以"钵池"命名。

三千风景在一园

谁曾于一城中心见过这么大区域的公园，足足占地1800亩，且位于城市黄金地段。按惯常现代思维，如果用来开发房产，经济效益显而易见。这个公园曾是江苏省第四届园博会会址，展示着一个绿水城市的风范，承载着"吴韵楚风"的文化内涵。应该说，公园是天意加人力，是自然与人力共同创造的作品。

环绕公园的是座座高耸的建筑，都因了这个公园，成为名副其实的景观房。公园采取全开放式，四面八方都可进出。人们从高处走下，走进这个公园，进入花繁叶茂、水清风细的"城市桃花源"。与其说这是一个综合式风景园林，不如说这是一枚绿色暂停键，让凡尘俗事暂停一会儿，来这里看山水相依，看芳草连天。

每天骑车绕公园去单位，公园外侧高低错落的草木一路追随着我，拉成一条长长的绿色风景线。如果要为内心世界涂抹一种色彩，我会选择这样的草木之绿，深浅浓淡总相宜。绿色是生命的色彩，一个热爱生命的人一定会喜欢这一园子的闲情绿意。

钵池山公园，因山得名，因水灵秀，因四季植物常青而美不胜收。在这座幽静闲旷的山前，会想起那个曾在此筑台炼丹的公子乔。山有仙则名，这山是镇园之山，也是一园灵气集聚处。站在山前高大的老子塑像前，仙气袅袅，这该是闹市中人难得出世的时刻吧。登山远眺，山子湖湖水清碧，湖面莲叶飘飘，湖心有爱莲亭，湖畔芦荻萧萧、垂杨曳曳，湖上有木桥可通渔村人家。有一次漫步到一个名为"缘"的酒家，正有一场婚礼在举行。那日晴光清风，阳光和好地笼着一对新人，碧玉天成般散发润润的光泽，周围树木相蔚，林间繁华簇簇，正是人间好时节。

无论清晨还是日暮，都有人在园中，在奔跑、在闲坐、在散步、在仰头看云。如果外在风景被忽视，内心的风景大概也是荒芜的。每一个走进公园的人，都是心有风景的人。在园内，人也成了小小的景，与那些姿态不一的林木一般，都在广阔自然中直立成长着。园中树都处在材与不材之间，让人觉得它们永在生长中，像看着自己的孩子，即便有些许不满意的地方，想着还在成长，心下也就宽慰了。

这个公园是丰茂的，大片的草地，大片的花坡，大片的密林，大片的绿水，空气中充满负离子清爽的气息，尽情深呼吸，将一园之隔的喧嚣推远，远到恍若无。春来躺于花坡对一河绿水，仰望蓝天白云，心里会飘起洁白如云的美好心绪，如此才不负春光。凝视一朵花吧，看着一丝不苟、一瓣不少地开出的一朵素净的花，认真安顿小小的、清洁的一生，你的心会宁静而温柔。这样一朵小花带给你内心的感染与净化，不会低于任何俗世中的其他。

秋日看一河残荷。《红楼梦》中描写贾母带众人乘船游叶渚，见池中生长许多残荷，宝玉道："这些破荷叶可恨，怎么还不叫人拔去？"黛玉道："我最不喜欢李义山的诗，只喜他这一句'留得残荷听雨声'，偏你们又不留着残荷了。"新绿的夏荷是醉人的，深秋中的残荷有几分颓废之美，别具侘傺，繁华落尽，遗世独立，唯余时间洗涤后的简与素。

夏日的公园万物疯长，天空云朵壮阔、鸟飞莺影，水中鱼戏荷开，地上千树万树、万紫千红。看河边株株垂柳在风中枝叶纷披，仿佛昔日盛年的及腰长发。风景如生活，最动人心处恰在细小微处。这个公园的许多图片皆是大场景，而当你漫步园中，动人心处也许并非园之大，而只是风起时柳枝拂水那一抹牵动回忆羽翅的温柔，只是蝶自花中翩翩飞起的一刹，只是漫天繁星之下这一园的花与露。

冬日的公园并不萧索，大概是人气足的缘故。万物相辅相成，公园给予人们身心滋养，人们也将心的温度还给这个公园。冬日就来园内看树，任何一种姿势都是美的，都伸展得意味深长。走累了就在树上靠会儿，树会珍藏你的体温，来年会多发几根枝条，摇摆在你款款而来的春风里。

现代社会的匆忙切断了人和自然与生俱来的生命联系，这种缺氧状态导致生命格局逼仄，那就从沉闷的自我甲壳里走出来，从生存格子间走出来，走进这个公园，在园中脚踏实地走一走，脚步慢下来、心静下来，一定会觉出天地之大，感受到生命静谧的一面。在这里，看一会儿花草，走一程木桥，出一会儿神，与飞鸟交换心情，与白云交换手语，与树木交换一下站立的姿态，让洁净的空气为生命置换一种清爽安宁的状态。

三千风景尽在钵池山公园。只有一个对风景无限向往的人，才可以敞开一颗心，揽这三千风景入怀、入梦。愿我们做一个可以铺展一片风景的人。

（荣根妹）

古黄河生态民俗园　　古黄河生态民俗园北枕黄河故道，南接健康西路，占地 2200 余亩。园区分为两大景区：以大众桃文化为主题的"桃花坞景区"，以沿岸数以万计的柳树及各类林木、花卉为生态主题的"柳树湾景区"。景区内沟壑纵横、乔林掩映，自然生态及原生地形地貌独具魅力，梨树、桃树等果树达 840 多亩 2 万余株，其他各类乔木 20 余万株。春暖花开之际，万花竞放，芳草如茵；金秋时节，硕果满枝，繁盛可观。景区每年都会立足自身优越条件举办市民喜闻乐见的游园活动，3 月至 4 月，举办"桃梨风光赏花节"，呈现一河杨柳一河烟的景象；7 月至 10 月，举办一年一度的"酥梨采摘节"，游客可以一边游园，一边亲身体验果实采摘，享受亲近自然的乐趣。

桃花春深

清江浦城的春天从这里开始，这里是一城人的桃花源。这里的桃花开了，春就来了。这里春游过了，才算不负春日好时光。

"忽逢桃花林，夹岸数百步，中无杂树，芳草鲜美，落英缤纷。"若说这段文字描绘的就是这里，亦是恰如其分的。这里是成片成片的桃林，几无一棵杂树，树下芳草萋萋，落红迷深深。这一大片土地本是黄河故道，植桃成园，现是"桃花坞景区"，小城人都约定俗成称之为"桃花岛"。仿佛一个人，前者是大名，后者是小名，称呼小名总是显得亲切又浪漫。景如其名，这里为春天而美、而在，年年岁岁花相似。

"小桃知客意，春尽始开花。"花开春月，这里便成了桃花源，一朵朵桃花挤挤挨挨在枝头，热烈灼灼。赏花人络绎不绝，景区外的车一直排出去很远，过节似的，繁华又热闹。

刚来这座城市的时候，春游桃花岛是每年春天的必修课。赏花，最需把握好花期。美好的事物最易消逝，像生命的春天，短短几年时间，尚未察觉便青春已逝。然而，桃花岛的花期却断不会错过。桃花岛的花期在一城人的心中，在冬日严寒的期盼中，在暮春落花的惋惜里，在桃花朵朵开的歌声里，也在荼蘼花事的梦境里。

那些年孩子还小，每年都嚷着要来桃花岛，赏花、游船、渡河、看小蝌蚪。有时候，一个春天要来好几次桃花岛。桃花盛开，一眼望去，仿佛染红整个天际，一派恣情恣意、不管不顾地绽放，生命如此这般灿烂过一次便是值得。走过一株又一株，满枝都是漫漶的桃花，孩子般簇拥在一起说啊，笑啊，这样的情景总让我想起李白的一句诗："胡姬貌如花，当垆笑春风。笑春风，舞罗衣，君今不醉将安归？"如果用一种花对应一位诗人，我会用桃花对应盛唐的李白。桃红李白，都是尽力活过一次的生命，都是尽情开过一次的生命，都是不羁活过一次的生命，都是从未辜负过春天的生命。"去年今日此门中，人面桃花相映红。"

孩子调皮，总爱攀条折枝的，桃花也不恼，落了红粉一身，这样地亲近着我们，嬉戏着我们，带给我们深深浅浅的桃红。我常记得年轻时那件桃红色的衣裙，穿在身上，旋出一片灿烂的岁月。置身这片桃园，如处《射雕英雄传》里的桃花岛，应该总会发生一些离奇却美好的事，也会想起《诗经》里的"桃之夭夭，灼灼其华"。有人嫌桃花俗艳，但各花入各眼吧，我心中

的桃花是生命的春天，是生活的欢愉，也是记忆里抹不去的一大片一大片艳丽的红，足以照亮生命里所有的灰暗。

《诗经》里还有篇写桃树的文章，名曰《园有桃》："园有桃，其实之肴。心之忧矣，我歌且谣。"这说明早在先秦时代，桃树已人工种植在田园。我们这一城人吃的鲜桃多来自这里。说起鲜桃，那汁液四流的香已溢满心怀，也只有这灼灼的桃花方能酝酿出这般鲜美的果汁。如今再吃着桃花岛的鲜桃，又会想起废名《桃园》里的一段，"当那春天，桃花遍树，阿毛高高地望着园里的爸爸道：'爸爸，我们桃园两个日头。'"

一年又一年，光阴无情流逝，许多物事都在消逝，这一城的桃花源似乎从未变过。这么多年来，桃花岛是一城人熟悉的地方，但熟悉的地方却有看不完的春景。每一年，缤纷的桃花沸沸扬扬地开，纷纷扬扬地落，春风从桃园深处穿过一城风景，温暖了一城人的心。清江浦桃花岛那漫天的桃花，会一直一直在心里开着。

（荣根妹）

一河杨柳一河烟

在许多种类的树木中，杨树高大阳刚，梧桐盛大茂密，槐树沧桑坚忍，柳树给人的感觉却是阴性的、柔美的、别离的、诗性的。

这里是以沿岸数以万计的柳树及各类林木花卉为生态主题的柳树湾景区，一条废黄河边一棵棵柳树密密匝匝，柳林随风摇曳，与春风共舞，又随春风而去，衣袂飘飘间仿若腰肢柔软的女子起舞翩翩，婀娜多姿，令人心驰神往。

柳树湾，一河杨柳一河烟。喜欢柳树，喜在柳之姿、柳之态、柳之妍。来柳树湾景区，最好在春三月。三月柳烟叠叠翠翠，一个人从这岸的柳烟里走过，一忽儿隐入对岸柳烟里，而当三五只白鹭、八九只燕子从柳烟里飞过，这一片柳烟显得更加诗情画意。

一河杨柳一河烟。世间草木千万种，唯柳最是修长纤细。也许窈窕流动的枝条，总给人以屏柳的感觉，然而这屏弱中有一棵柳树对此生此世所有的诉说与深情，全在一次次心有所向的纤纤曳曳中。一棵柳树在它漫长的一生中，应该做过各种各样的梦吧，受过风吹雨打，也接纳过无数清风送爽的春日，倾听过栖息于身的小鸟鼓喉而歌。

一河杨柳一河烟，薄柳青烟处，春日窈窕，夏日清凉，冬日萧瑟中有一种大遗忘。在冬日沉寂的午后，凋谢的花继续凋谢，枯萎的柳叶还在向地面飘落，我走得恍惚，一颗心只想沉默，冷下来、静下来、寂下来，听见河水的流泻声，鸟在喊喊低叫，一个人所有的纷念都随风而过，杨柳依依拂动，回应着一个人深深浅浅的心事。

一河杨柳一河烟，柳烟深处藏着诗歌，"青门柳枝软无力，东风吹作黄金色"，"春风知别苦，不遣柳条青"；藏着宋词，"斜阳正在，烟柳断肠处"；藏着《诗经》，"昔我往矣，杨柳依依"。那依依杨柳，仍依依在眼前。那依依着的，就是如梦如幻的柳烟。

三月的河堤，河堤上的柳烟。望着在风中披拂的柳条，绵软、纷长，这便是一棵树的一头秀发，亦是一棵树柔软的思绪。一棵柳树，一年又一年傍水而生，会生发出怎样的思绪呢？我不知道一棵柳树的情思，身为一个岁月忙碌的城市人，来到一棵柳树旁，我的思绪里总摆脱不了世俗的纷扰。伸手抚摸一棵柳树沧桑的树皮，擎满欲望的一双手在安静、纯粹的身体上停下来，眼眸在柔长的枝条上驻留，我与一棵柳树便这样相遇了。这一刻，你将一棵柳树的柔情、松弛与柔媚交换于我，而我给你的只是对你的浮想联翩。柳，是别离的，也在期待再度归来，"柳条折尽花飞尽，借问行人归不归"；柳，最宜入诗的"半烟半雨江桥畔，映杏映桃山路中。会得离人无限意，千丝万絮惹春风"；柳，也最入情怀，青青杨柳著地垂，连地如烟的杨柳任何一种姿势都是美的，都千姿百态，都值得凝视与欣赏。

清江浦城西这柳林一片，铺展着运河城市的脉脉情怀，也排解抒怀着小城人的世俗庸扰，来这里走一走、看一看、想一想，可抵一年又一年的世俗尘梦。

（荣根妹）

城

景

东港体育公园　　东港体育公园由京杭大运河畔的东港码头改造而来，总占地面积约 11 万平方米，总投资约 6000 万元，集运动休闲、观光打卡于一体，其中设置儿童乐园、轮滑广场、观景塔、绿植景观等一系列丰富完善的功能区域，让广大市民不仅可以在家门口运动健身，还能沿着滨水步道欣赏运河风采。

九龙湖公园　　九龙湖公园总面积约 13 万平方米，园内有湖泊及大量绿化景观，并建有篮球场、儿童活动场地等休闲设施，为市民提供一个项目丰富、环境优美的休闲娱乐佳处。同时借助网络技术，以"移动互联网＋体育兴趣主题＋运动健康云专家"为核心内涵，融入音乐步道 APP、智慧体育云、健身器材云管理三大系统，以手机为智能化终端，及时推送政务、环保、交通、文体信息，倡导全民健身，指导科学健身。

阳光湖公园　　阳光湖公园位于枚乘路北侧、勤政路西侧、明远路南侧、北京南路东侧，占地面积约 45 万平方米，包含步行道和篮球、排球、网球等核心项目运动场地，同时配套建设文化书屋、信息化展示中心、全民健身露天广场等公共设施。公园还设置城市服务驿站，全天候对外开放，汇聚 24 小时书房、休息室、公共卫生间等便民设施，形成多点联动、辐射共享的空间布局。

淮安动物园 淮安动物园位于健康西路 198 号（柳树湾广场西侧），占地约 360 亩，拥有各种动物笼舍 2000 平方米，动物 60 多种近 600 只。各种花草树木数百种，绿化覆盖率达 90% 以上。平均年游客量达 20 万人次。

中国南北气候地理分界线标志园　　1194 年"黄河夺淮"以后，黄河与淮河在淮安汇为一体。作为一座兼具南北特征的历史文化名城，淮安正好坐落于中国传统意义上的南北分界线——"秦岭淮河线"上。淮河从淮安市区穿城而过，使得淮安成为南北地理、气候、文化等方面的交汇点，具有独特的地理位置和文化底蕴。2008 年 8 月，利用在古黄河（淮河）上废弃的大桥及其两岸广场，兴建了中国南北地理分界线标志园。位于河道中心线位置的地球状标志球体由南往北按暖冷色调过渡，桥面也由此分为红蓝两色，寓意中国南北气候特征。以河道为界，南北两个广场也分别命名为淮河广场和黄河广场。

南方与北方

南来北往许多年，渐渐领悟南方与北方的迥异，也感受到身处清江浦城这一中间方位生活的一片温和。

清江浦似乎总是和煦的、温和的，不偏不倚、正正好好。我本生于清江浦城之北的古城沭阳。沭阳与淮安，仅一个小时车程，许多方面却差异很大，像性格迥异的两个人，一个内向、一个外向。

方言是最大的不同。沭阳话抑扬顿挫、干脆利落，深具北地的朴质和直接。淮安话以舌尖音、平舌音为主，显具南方话切口小、发音细的特点，但说起来又是铿锵有力，总不似吴侬软语。语言是文化的重要组成部分，文化是人格的最终沉淀，由此，刚性语言造就沭阳人的直爽、强硬，甚而有些野和蛮，是男性化的。刚柔并济的语言孕育了淮安人的和缓与韧性，有运河人家水性的缠绕，亦有柔能克刚隐秘的潜藏。

再者是饮食。沭阳是典型的北方饮食习惯，面食为主，早晚稀饭加面食，只在中午吃顿米饭。更有些人家图省事，中午大饼就着白开水，也是饱饱的一顿饭。淮扬菜清淡可口、五味调和、做工精细，菜肴的精致可口远在沭阳之上。一道简单的家常菜，淮安人称青椒炒鸡蛋，先将鸡蛋炒好盛出，再将切成细丝的青椒炒至三分熟，随后加入已炒好的鸡蛋。沭阳人说"大椒抱鸡蛋"，首先一个"大"字便彰显沭阳人的些许粗犷；其次，大椒是削茄子般削成片状下锅，然后将鸡蛋直接打碎在大椒上，使大椒鸡蛋融为一体。前者工序多且细，后者简单省事，足看出淮安人注重细节和精致，沭阳人做事直接，讲求实际效用。

建立中国南北地理标志，首先要考虑自然地理气候的区位条件，还要考虑这个地区过去的文化传统和历史渊源。在沭阳与淮安的相较中，这一分界线日趋明朗起来。清江浦城地处淮河下游，是中国南北差异比较典型的地区，这个地理过渡带是其他地域无可替代的。清江浦城南船北马、南稻北麦、南北兼容，自是钟灵毓秀之地。2008年，经国务院批准，中国南北地理分界线标志园正式在淮安勘探开建，淮安成为中国首个建设南北地理标志的城市。

每次路过这里，心中会有一种敞亮，想是由于这里视野开阔，加之淮河水缓缓流淌，两岸绿树参差掩映，一派天然自然景观。中国南北地理分界线标志园这一块现已形成一个市民广场，以南北地理分界标志雕塑为主体，包括展示馆、标志雕塑"虹桥"，以及市民休闲散步区域。虹桥中间的标志——地球模型，其外围自北向南以北方寒冷、南方炎热的气候特征依次由深蓝、浅蓝、白色、浅红、深红诸色包覆，寓意全国气候地理自此分为南方与北方。古淮河南北两个广场也分别命名为淮河广场和黄河广场，种植南北方不同品种的乔灌木，从桥上穿越可直观感受南北地理的差异。

南方与北方在这里分割，也在这里相融。无论是南来温暖的风，还是北下凛冽的寒流，都从小城人的脸庞拂过，心向北方，抑或心向南方，都有南来北往的风将心愿送达。

（荣根妹）

淮味清江浦

四

古往今来，清江浦市井繁华，食肆林立，达官巨贾、富绅名士云集聚居，盛馔侈靡之风大行淮上。白银如水，官衙如林，商旅如潮，名店如云，正是独特的区位优势、空前庞大的多层次饮食需求、有力的经济支撑和开放的文化氛围，吸引烹坛各专项技艺顶尖高手，汇集南北美食之长，在淮争奇竞秀，相融相长。清淮八十里，临流半酒家。沿清江浦两岸从事饮服业的最多时达十万余人，尤其是河漕盐榷衙署、淮北盐商私邸的金屋琼厨，为淮地烹饪技艺的突飞猛进和淮扬菜体系的最终形成，提供了空前绝后的实验基地和孵化器，使淮地烹饪技艺达到了前所未有的高度，也使清江浦成为美食之都。

佳肴

软兜长鱼　据《山海经》记载："湖灌之水，其中多鳝。"江淮地区盛产鳝鱼，肉嫩味美，营养丰富。淮安名厨田树民父子以鳝为原料，制作108样佳肴，即著名的"全鳝席"，又名"长鱼席"。软兜长鱼可谓长鱼席中的惊艳之笔。将活长鱼放入锅中焯熟后，再取其脊肉制成软兜长鱼。爽嫩乐口、色香味俱佳的一大盆端上桌，每一条鳝片都如成年人食指长短粗细，一顺排列。竹筷一夹，鳝丝两头柔软地靠在一起，似小孩子的红肚兜，把油汪汪香喷喷的芡汁全部兜住。趁热乎入口，葱香、蒜香、鳝鱼香、胡椒香接踵而来，你会感到暖心暖肺的幸福，其补气益血、补虚养身的食疗效果亦是对淮扬菜养生饮食的很好诠释。

清蒸白鱼 在清江浦城依水亲水的先天优势中，清蒸白鱼应和着淮扬菜肴坚持本味特色的理念。洪泽湖白鱼属于名贵鱼类，俗称"淮白鱼"，隋朝开始成为皇室的贡品，具有补肾益脑、开窍利尿等作用。淮白鱼是肉食性鱼类，少刺多肉，肉质细嫩肥美，是鱼中上品。一般家庭烹制多清

蒸，将洗净的白鱼放在饭锅上蒸，鱼和饭一起熟，加调料即可。待清蒸白鱼上了桌，酒过三巡、言笑晏晏的宴席便有了离离的清白之意。所谓美味，主要是针对口感而言，过了喉下三寸，即无意义。白鱼肉细，入口先觉咸鲜，接着悠悠的甜香慢慢包裹了味蕾，会使人联想到一些诗句：苏轼的"红稻白鱼饱儿女""明日淮阴市，白鱼能许肥"，晁补之的"落帆未觉扬州远，已喜淮阴见白鱼"，曾几的"帝所三江带五湖，古来修贡有淮鱼"，戴复古的"君既有来何以报，一床蕲簟两淮鱼"。

清代袁枚在《随园食单》中记载，白鱼"用酒蒸食，美不可言"。宋代杨万里的《初食淮白》记载："淮白须将淮水煮，江南水煮正相违。霜吹柳叶落都尽，鱼吃雪花方解肥。醉卧糟丘名不恶，下来盐豉味全非。饕人且莫供羊酪，更买银刀三尺围。"诗情画意中一种丰足之感氤氲在心间，微腌的酒酿又增加了蕴藉含蓄的口感，一条鱼是这样让你体悟到了一种内敛又张扬、低调又奢华的凡俗人生。

蒲菜烩虾滑 清江浦是一片水乡泽国，盛产芦蒲，吃蒲菜的传统自古一直保留至

今。在淮安，蒲菜又被称为"抗金菜"。南宋绍兴元年（1131），金国十万精兵攻打淮安，梁红玉领兵镇守淮安，被金兵长期围困。在内无粮草、外无援军的情况下，偶然发现马食蒲茎，因而取蒲菜代食，解除了粮食尽绝的困境，终于打败了金兵。自此，食用蒲菜便在淮扬一带广泛流行开来。

不同地方的食物拥有独一无二的气质，蒲菜烩虾滑在蒲菜经纬密织的秩序中，显透着清江浦人性格中的精细与考究，一个个粉嫩灵动的虾滑带着好客清江浦人的热情，又带着甜甜的体贴。日复一日的饭桌上，食物之间的配搭与交融浓缩成一个个味蕾上的梦，忽忽清平如蒲菜，忽忽灵动似虾滑，个中滋味待您来品。

大烧马鞍桥　　在清江浦，每当人们感到身体虚弱时就会想到一道菜：大烧马鞍桥。此菜色泽酱红，汤汁稠浓，鳝段酥香，鲜香味美，风味隽永，同时具备补虚养身、补阳调理等功效，不仅具有滑、嫩、鲜、香的特点，而且营养价值很高。这道淮扬鳝鱼名菜还有一个与兵仙韩信相关的故事。相传，韩信落难时以钓鱼为生，钓的鳊、白、鲤、鲫等鱼都好卖，唯独鳝鱼像蛇一样，没人敢吃，当然也就没有人肯买，只好自己留着吃，可又没有像样的炊具，只能用破瓦片把鳝鱼一截一截地切段，放在破锅里煮熟，没想到味道鲜嫩无比。这样的吃法渐渐传开来，后来竟成为清江浦之地很受百姓喜爱的一道名菜。再后来，韩信经刘邦登台拜帅、指挥三军，人们见烧熟了的鳝鱼段肚皮往两侧张开，似马鞍形，于是就给这道菜起名"将军马鞍桥"，也称"韩信鳝鱼"。清代林兰痴《邗江三百吟》诗云："藏时本与鼍为族，烹出偏从马得名。解释年来谈铗感，当筵翻动据鞍情。"读诗品味，一诗一菜，俗世欢愉尽在其中。

春韭炒青螺　　清江浦盛产青螺，其肉味甘、性寒。韭菜温暖脏腑，祛湿散寒。韭头、肉丝、青螺肉同烹，是在古代菜肴韭菜炒肉丝的基础上与本地特产螺蛳的有机配合，健康有益，为地方传统乡土名菜。韭菜又名壮阳草，蛋白质、脂肪、维生素含量丰富。青螺营养成分全面，是水鲜品中的佼佼者，其药用价值亦不可低估。民间有"清明螺，赛肥鹅"的说法。《本草汇言》称螺蛳可以解酒热、消黄疸、清火眼、利大小

肠。春天的一枚青螺，是浮漾于春水之上的风景，也是停留在春日舌尖上的美味。

淮山鸭羹　　淮扬菜中的许多菜肴都秉承药食同源的理念，淮山鸭羹中的山药软糯、鸭肉酥烂，羹汤香浓烫鲜，具有滋五脏之阴、清虚劳之热、补血行水、补

气健体、养胃生津、润肠通便之功能。山药本不是药，但对身体健康大有裨益，淮山药又有"仙物"之誉。中医养生学还认为"烂煮老公鸭，功效比参芪"。熬制羹汤的淮山药与老公鸭，是天作之合。

翡翠虾仁　此菜所用虾仁，首选体大、壳薄、肉多、质嫩的洪泽湖大青虾，将菠菜榨汁，经特殊技艺处理，使上浆后的虾仁呈翠绿色，滑炒成菜，晶莹剔透、色如翡翠，故名翡翠虾仁。淡水河虾具有很高的食疗营养价值，有蒸、炸等做法，并可作为中药材。菠菜有"营养模范生"之称，它富含类胡萝卜素、矿物质、辅酶等多种营养素。《唐会要》载："实如蒺藜，火熟之，能益食味。"苏轼在一首题为《春菜》的诗中这样描绘："北方苦寒今未已，雪底波棱如铁甲。岂如吾蜀富冬蔬，霜叶露芽寒更茁。"菠菜汁和虾仁融合成菜，不但色质诱人，口味更是令人回味无穷。

一鸡九吃　据说在古代，有一贫寒人家待客，但家中无钱买菜。主人正窘迫时，聪明的媳妇宰了家中唯一的一只鸡，用鸡的不同部位分别做出"飞叫跳""爆肫肝""雪花鸡火腿片""鸡粥菜心""瓜姜鸡丝""炸鸡块""熘仔鸡""辣子鸡"八道菜。顿时，餐桌上摆满了菜肴。古人认为鸡是吉利的象征，全身都是宝贝，久而久之，一鸡多吃便流传了下来。真正将"一鸡多吃"发扬光大的，是淮扬菜名厨张文显先生。20世纪60年代初，两淮厨师界有"大比武"的传统。淮安胜利饭店的张文显最擅长做鸡鸭菜肴，在现场交流比赛中，他不负众望，整个操作过程仅用时17分23秒，在传统"一鸡八吃"的基础上，又做出一道"血肠汤"，一举获得1964年厨师大赛第一名，成为淮安饮食文化史上的传奇人物。"一鸡九吃"由此名扬天下。

淮安油鸡　清江浦地区盛产黄嘴、黄腿、黄爪草鸡，也称"三黄鸡"。选用当年皮质油黄的新鸡加工烹制的淮安油鸡，具有鸡皮嫩黄欲滴、油光透亮、质地细嫩、鲜香肥美之特色。

李白与油鸡

　　想写油鸡这道菜，缘于李白的一首诗《淮阴书怀寄王宗成》："暝投淮阴宿，欣得漂母迎。斗酒烹黄鸡，一餐感素诚。"读这首诗时，眼前总是浮现画面：潇洒狂放的李白来古淮阴投宿，得到了一位如漂母般善良大妈的款待。她用淮阴的三黄鸡烹制出一道美食，还奉上一斗酒给李白佐餐，这让大诗人非常感激，因此写下了这首感怀诗。

　　何为"油鸡"？这道菜的食材是清江浦本地出产的"三黄鸡"，在做法上秉承淮扬菜精工细作的特点，母鸡宰杀后由翼下开刀，去除内脏后洗净，加入葱段、姜块、八角、花椒、黄酒、精盐腌渍二十分钟，焯水洗净，放入老卤锅中小火煮熟，然后趁热捞起放入清卤中浸泡入味，待冷却后捞起改刀装盘，浇上原卤。

　　晚来天欲雪，去乡村，烹制这道油鸡，吃菜、喝酒，与友人谈人生之遗憾，谈未竟的理想，也说一说往昔的青春欢愉、眼下的苦乐，菜香、酒香，心中会生发对生活的无限感慨、无限不甘和无限愉悦。

（吉长虹）

淮饺　　淮扬菜中的淮饺其实是家常所见的小馄饨，却又非一般的小馄饨。淮饺在碗，一个个小巧可爱、皮薄馅实、晶莹剔透，若美人之肤弹指可破、娇羞诱人，在漂撒着青葱花的汤水中浮浮沉沉、红嫩小巧人间尤物般的淮饺让人无限恋之惜之，小心翼翼、无比珍惜地品尝，入口后丝丝怜爱化作一心爽滑芬香。在清朝时淮饺被乾隆帝命名为绉纱小馄饨，因其风格独特，为了与云吞、抄手、饽饽等相区别，专名"淮饺"。

　　淮饺有三种吃法：汤饺、火饺和炝饺，俗称"淮饺三吃"。淮饺绝对考验的是师傅的面食功夫，据传，由清光绪年间淮安黄子奎师傅创制，一斤面粉可制作饺皮800张，馅细无渣，形似麻雀头，入口爽滑味美。淮饺皮薄如纸，点火即燃，放在书上，字迹透过饺皮仍可辨。还有馅心，乃以刀背将精猪肉剁成泥，加入葱、蒜、姜、笋、虾籽及各种作料，这样才"香鲜嫩"俱足，食时细滑爽口。"过淮不吃淮饺，一趟等于白跑。"一碗淮饺，两三友人，烘炉烟暖，越吃越会觉出人间温暖。

小吃

情意长鱼面

陆文夫在《美食家》里写苏州人为了吃一碗头汤面，会早上5点多钟来到面馆，等师傅生火下面，这样才能吃出面条的筋道和清爽。在淮安，因为面是一碗一碗下的，所以吃头汤面就成了很平常的事。

美食淮安，面条品色繁多，但在我心中，长鱼面堪称一绝。

在大闸口东大街的二道街，有一周家面馆，40平方米左右的面店里吃客盈门，我每次在花街划长鱼（黄鳝）的熊家称好15块钱长鱼后，就会再花上10块钱的加工费在这里加工一碗面条。开始是老板主勺，后来老板中风，就由老板娘主勺，老板就坐在一旁看，看着妻子在炉火前辛勤地忙碌，眼神里时常流露出心疼和不舍。有意思的是，老板娘的面条比老板下得还好，好像淮安人只要站到炉灶前，一个个都身怀绝技身手不凡。

我是常常以之招待来自全国的文友贵宾的，他们当中有些是中国文坛响当当的人物。李一鸣说，有了淮安的这一碗面，他才写出了《夜宿淮安》这篇散文。这篇介绍淮安美食的文章，因着李老师的声名，刊发在全国诸多大型报刊上。《诗歌月刊》的主编李云吃了长鱼面后也赞不绝口，说这才是他要寻找的面条的味道。

（龚正）

人间清欢阳春面

一篇有趣的文章，关于喜好面食的北方人与喜好米食的南方人的比较。大意是好面食的人多高大直率，好米食的人则身量纤细、性格精细。民以食为天，食物与人之间的关系渗透于基因与血脉中，原始、复杂，难以捉摸，小文从阳春面切入这一话题，且说且乐。

喜欢阳春面的人，多已年岁渐长。年轻人总喜欢吃长鱼面、腰花面、蹄髈面，嫌阳春面有些寡淡。中年人的胃历经大荤大腥的荡涤，消化吸收功能已非比年轻人，清汤寡水的阳春面此时恰似一股清流，为身体减负，为生活寻一隅味觉清欢。

阳春面是清江浦传统面食小吃，又称光面或清汤面。白细的面条上撒几点葱花，热气蒸腾氤氲间是一方清白简净的天地，似画作上的留白，也似书法中的飞白。简白绝非什么也没有，而是此间深深处有着面食独有的贴心贴肺的温热，面食像一个饱满的生命，总是带给人结结实实的暖。就这样看似寻常的一碗面点以少许猪油，佐以鸡汤煮就，一碗在手，逸散一份清香、一份醇鲜，还有一份关于名字由来的吉祥之意。

相传乾隆微服私访，到了清江浦御码头，夕阳西下，乾隆避开文武百官，上岸在沿河堤的一家面馆点了两碗面。见碗里根根利爽，淡酱色面汤清澈见底，汤上浮着金色的油花和翠绿色碎葱花，香味扑鼻而来。饥肠辘辘的乾隆连吃两碗，连声说好，问店小二这叫什么面，店小二回答："因为是面条和汤料兑成，大家都叫光面。"皇上抬头远眺，见里运河两岸万物吐绿，河面波光粼粼，船只来回穿梭，美不胜收，脱口而出："阳春三月，阳春面！"

老清江浦人酒席后的主食多是阳春面，一来酒席已吃了不少荤腥，但不吃主食又总觉不够，素净的阳春面便是首选，且酒席最后的阳春面还有常来常往的美好寓意。

清江浦城散落着大大小小的面馆，这些店面是城市人生活中小小的暖。冬日，日光收尽，找一家面馆坐下来，要一碗心仪的面，呼呼啦啦将一碗面拖完，生活的满足感便在心中升腾起来，一碗面给予心灵的慰藉可以持续到夜尽后的天明。

也许你会认为阳春面简单好做，绝非如此，似乎像人生，加法容易，减法却难。极简主义者不断扔东西，减少物质的负累，然而，有形的只落了下乘，真正的简洁必含有深邃，高级的朴素必呈现精致。一碗简单的阳春面，需面粉加碱水、清水和成面团，手工加工成面条。锅中放清水烧沸，面条煮至断生，盛入用酱油、虾子、胡椒粉、面条原汤兑好的汤碗，撒上青葱花。这可以明白列出的步骤需反复练习，还要融入人的情感。童年的味道最是难忘，因为味道的背后沉淀着生命的回忆，蓄积着浓厚的亲情。

许多年后，最为想念的也许只是童年餐桌上这一碗青葱伴香菜的阳春面，满满都是"妈妈的味道"，回忆绵长，终成人间清欢。

（荣根妹）

老清江辣汤

老清江辣汤是一道民间传统小吃，有"穷人吃得起，富人不解馋"之说。有粉丝、海带丝、百页丝、面筋丝四种食材，简称"四丝配一汤"，营养成分丰富，具有提振精气神的养生功效。胡椒是辣汤的精髓，再加入姜，味道偏辣。

《西游记》第七十九回说，孙大圣在比丘国救了一千一百一十个小儿，降伏了白鹿怪，国王备素宴款待唐僧师徒一行，席上有一食物，"辣煼煼（音同炒）汤水粉条长，香喷喷相连添换美"，这就是吴承恩笔下的家乡风味辣汤。

吴承恩时代，辣汤里似乎只有面筋和粉条，经过光阴的煎熬，现在的淮安老清江辣汤已由昔日单调的面筋粉条变成与百叶丝海带丝同舟共济，让这一本属平淡的小吃，有了海鲜，有了大豆蛋白，有了色彩的变化，有了片与丝的巧妙搭配，增加了观赏与节奏、层次与递进，这样的演变与完善，让淮扬菜小吃江湖里多了一个笑傲江湖长盛不衰的传说。

诗云：

寻常美味坊间多，大众爱尝是此馐。

只要丝汤调和够，纵令神仙也着魔。

（沈玄戈）

淮安春卷

　　淮安春卷又称春饼、薄饼，是清江浦一种传统食品。淮安春卷以荠菜为馅料，经面皮卷炸而成，皮薄酥脆、馅心香软，是新春宴席上必备的"淮点三春"之一，雅号"金笛吹春"。外地人习惯叫春卷，淮安人沿袭古代叫法，唤作春饼。最常做的是"四喜春饼"，即豆沙、淮山药泥、韭黄炒鸡丝或肉丝、荠菜拌肉糜四种馅心。

　　春卷历史悠久，由古代的春饼演化而来。据陈元靓的《岁时广记》记载："在春日，食春饼，生菜，号春盘。"清代的《燕京岁时记》也有"打春，是日富家多食春饼"。在清朝宫廷"满汉全席"128种菜点中，春卷是九道主要点心之一。

　　相比高大上的西式餐点，阳春面、淮饺、春卷这样的传统美食更能满足淮安人的胃。

　　诗云：

　　　　一怀春意饼中藏，早春筵飘莲麦香。

　　　　更喜荠菜嫩叶壮，人间至味在淮乡。

（龚逸群）

纪家楼薄脆

纪家楼小街上卖薄脆的很多。回忆童年吃食，总是想到"薄脆"，又薄又脆的滋味让人回味无穷。

纪家楼薄脆和人们常说的烧饼外形很像，但味道却并不一样。烧饼吃起来有面食的面香味，而薄脆最大的特点是"薄"和"脆"。"薄"是因为它是一层层薄薄的发酵过的面皮卷起叠成的，"脆"是因为它用打烧饼的余火经过长时间烘烤而成，出炉后十分松脆。香脆，甘甜，唇齿留香，让人欲罢不能。吃薄脆需双手齐动，一只手送薄脆到嘴里，另一只手则要在下巴处等着，不然咬出的碎屑会撒落一地。

小时候，总是舍不得全部吃完，没吃完的薄脆保存在坛子里密封，时不时吃几片，味美，解馋，回味无穷。

（陈亚林）

香干臭干

清江浦的香（豆腐）干、臭（豆腐）干名闻江淮，制作上区别于北京王致和的臭豆腐和徐州邳县的老宋盐豆。豆腐在卤缸里臭熟后，外表呈天蓝色，其味鲜，其性平，有醒神、健脾之效。切丁与早春野生芦蒿同炒，是佐餐的无上妙品。冬之夜，热油香炸，淋上辣酱，置以数盅老酒，香弥半街，风味无与伦比。

20世纪八九十年代，老清江浦街巷傍晚时分叫卖"香干臭干"的声音，在今天仍旧时时萦绕耳畔，清甜如小溪潺潺，飘逸似远涧飞雾。

"香干——臭干——"尾音足有一分钟，绵邈脆亮，接声云外，回转走巷，入屋宇绕梁三日不去。

叫卖"香干臭干"的大多是清秀俏俊的老淮安女孩。"二八大扛"自行车驮载一个竹编的背篓，晌午时分，几十个女孩结群踏车，铃声一串，笑声一片，风一样涌向大街小巷。生于淮河与里运河交汇之地的淮安女子，有先天的金嗓子，音色犹如天籁。没有曲调节奏，只凭少女的心情率意为之，前街吆喝后街也听得清晰，爱绕几个弯儿，爱拖多长音，全凭临场发挥。她们把清江浦乃运河咽喉要冲的风情、韵律都蕴含其中了，"运河之都"因之生色。

（张月明）

特产

浦楼酱醋　　浦楼酱醋历史悠久，底蕴深厚，是淮安市获得的唯一"中华老字号"殊荣，浦楼白汤酱油酿造技艺被列为省级非物质文化遗产，"浦楼"商标被评为江苏省著名商标、江苏老字号。浦楼白汤酱油以其"色如油、鲜又香、挂碗边"的特色，与淮扬菜一脉相承，被誉为"淮安特产，味中一绝"，深受消费者的喜爱。

清江茶馓 清江茶馓是淮扬美食中一道名点，用上白精面拉出麻线般的细面丝绕成套环，环环相扣呈网状团，放入油锅中泡炸而成，质地酥脆，味道香美。清朝时曾作为贡品，声名地位赫赫。清江茶馓于 1909 年参加江苏省

物品展览会获奖，解放后还曾参加苏北土特产交流大会。其成品有梳子、扇子、菊花和宝塔等多种造型，闻名遐迩。因其多在非正餐时与茶同食，故有茶馓之称。

清江大闸蟹 自明代初期，漕运总兵官陈瑄开凿清江浦并建清江浦四闸之后，清江大闸蟹就逐渐被人们熟知。明清时期，清江大闸蟹叫"爬闸蟹"，因每当成熟时节，螃蟹就会爬满清江浦四闸的闸门，或者通过闸门爬到运河两岸。

大闸口牛羊肉 清江浦牛羊肉是淮扬菜系中的一道名菜，是淮安乃至苏北非常著名的一道美味佳肴，其历史可以追溯到明初陈瑄开埠清江浦后，回族居民来此落户之时。

　　清江浦牛羊肉选料讲究，都是本地散养的优质品种牛羊，加之烹饪技艺独特，风味纯正，香气自然。清江浦牛羊肉还因其高蛋白、低热量、低脂肪、营养价值高而受到消费者青睐，闻名苏北。清江浦牛羊肉最有名的做法是干切牛肉，并以回族居民集聚的大闸口为正宗。另外，大闸口的牛肉汤、羊肉汤也是一绝，其汤肉并美、汤稠肉香，回味无穷且没有腥膻味，深受食客喜爱。

黄码红椒 　清江浦的黄码红椒因其个大、肉厚、色艳、美观，品相好且维生素 C 含量高，生吃带甜等特点，在江苏省获得首个蔬菜类"国家地理标志证明商标"和新鲜蔬菜类"中国驰名商标"，其主要产地就在清江浦区黄码镇。黄码红椒经中央电视台的推介，以"淮安红椒"商标名扬天下，各地慕名前来采购的商家络绎不绝，供不应求。在市场拉动下，黄码红椒扩面积、增品种、提产量、畅销路，以标准化、规范化从国内"红"到国外，为实现百姓富裕作出了贡献。

　　每到红椒生长期，黄码镇一眼望不到边的红椒生长园区，总是吸引众多国内外的游客前来观光采摘。每逢佳节，许多人家甚至把红椒挂起来作为装饰品，显得红红火火、喜气洋洋。

和平杏鲍菇 　江苏淮香食用菌有限公司位于清江浦区和平镇，占地 600 余亩，专业从事食用菌细分领域的杏鲍菇产品工厂化种植。这里的杏鲍菇肉质肥厚，质地脆嫩，具有杏仁香味和鲍鱼鲜味，蛋白质、脂肪、还原糖、游离氨基酸、粗纤维等营养物质含量丰富，远销海内外，深受消费者欢迎。

食
街

御码头美食街　　御码头美食街位于清江浦区大闸口北面的越河北岸，占地约 80 亩，是淮安运河文化长廊的核心区域。作为淮安运河最繁华的所在，明清时期这里是"南船北马，九省通衢"重要交通枢纽地位的象征，康熙、乾隆南巡时多次在此登岸品尝淮扬美食，了解民风民情，无数达官显贵、文人士子在此流连忘返。御码头美食街原是越河老街的一部分，西起承德路，东至圩北路，现在是汇集了历史文化资源及美食文化传统而精心打造的集传统淮扬菜名店、地方传统小吃与历史文化景点于一体的美食文化一条街。

　　御码头美食街两侧，不仅有创新淮扬菜品鉴堂、御码头美食大排档等各种美食店铺，还有乾隆御碑、古清真寺、娃娃井、福音堂、喜马拉雅运河书房、音乐时光驿站等文旅打卡地。这里是清江浦运河文化带上展现运河文化、聚集商气人气的特色街道，也是清江浦最有活力的休闲、旅游、消费夜市。在这 500 米长的老街上，明清建筑面水而建，天南地北的美食在此汇聚，舌尖上的美味流淌的都是运河记忆。

1415历史文化街区　　　1415历史文化街区位于越秀桥东，里运河南，占地165亩。1415街区以"清江浦开埠之源"为文化主题，是淮安里运河城市的最美名片。街区按照"一河两岸、多点连片"的总体思路，与都天庙片区和御码头街区共同承载淮安大运河文化带标志性的城市"中核"板块功能。为保留城市记忆，呈现时光变迁，1415街区着力打造最具"穿越记忆"的城市历史文化建筑风格，有明清建筑风格、民国建筑风格、现代建筑风格，还有苏式建筑风格等，这些风格各异的建筑文化底蕴深厚、历史内涵丰富、外形美观养眼。目前，"一园两街一中心"的建设如火如荼。"一园"即浦楼酱醋坊工业记忆公园，打造酱醋博物馆，展示百年淮安酱醋历史，保留城市工业记忆。"两街"即滨河活力酒吧街和中华传统美食街，滨河活力酒吧街汇集夜娱、夜食、夜游、夜宿、夜购、夜间休闲养生等多种业态，开启全新滨水夜生活；中华传统美食街聚集全国最具魅力的中华老字号餐饮，释放"首店效应"活力，打造开放包容、兼收并蓄的餐饮格局，形成展示八大菜系风味的特色美食街区。"一中心"即众创中心，致力开辟区域性青年创新创业的集聚地。

一见倾心 1415

"清淮八十里，临流半酒家。帆影闻鼓吹，筝声催月斜。"运河岸，碧水畔，1415街区，美食饕餮聚。一千多米长，火宫殿等老字号美食店，MOOV酒吧等新秀，应有尽有。漫步其间，满街香味，舌尖奔放味蕾的激情，湘菜徽菜等八大菜系，长沙臭豆腐、黄山臭鳜鱼等经典美食，让人心如纵马。袁枚在《随园食单》中曾将326种菜肴饭点、美酒名茶一一点示，彰显淮扬饮食文化的绚烂。

在1415街区，还能见到浦楼酱醋食品有限公司老厂区的晒场，一睹古法酱油的晒露酿艺。浦楼白汤酱油以优质纯小麦粉为原料，陶瓷大缸为发酵容器，经原料蒸熟、上黄制曲、加卤落缸、天然晒制、人工浇抽、起油、沉淀、配制等多道工序，主要以手工生产精制而成。其整个生产周期长达180天，历经春、夏、秋三季，在纯天然环境下，采日月之精华，经六个月的纯天然

日晒夜露方成，是为淮安一绝。这里将被打造成 1415 酱醋文化记忆公园。

美食是一种味道，也是一种情怀，承载着一座城市的记忆，传承一方文化，也蕴藏丝丝乡愁。乡愁不仅是青春怀旧，还是对大地的追忆与复返，是对故乡美食的回味、对故土的守望、对原乡的热望。母亲亲手制作的手擀面、外焦里嫩的烤红薯、味道鲜美的开洋蒲菜、浓汁诱人的蟹黄汤包等，只有尝到了，才能抑制住思念疯长。何以解乡愁，唯有乡食乡音乡情。畅游里运河，食在清江浦，不出 1415，尝遍天下菜。四方游子游历山川湖海后驻留清江浦，因为 1415 街区里的美食像蘸着时光的纪念品，能勾起八方食客味蕾上的家乡记忆。

"淮水笼烟夜色横，栖鸦不定树头鸣。红灯十里帆樯满，风送前舟奏乐声。"1415 街区得名于明永乐十三年即公元 1415 年清江浦开埠。明清时期，清江浦集河道治理、淮盐集散、漕粮储运、榷关征税、漕船制造五大中心于一体，有"九省通衢""天下粮仓"的美誉，与扬州、苏州、杭州并称京杭大运河沿线"四大都市"。张煦侯在《淮阴风土记》中写道："闸下溜塘深广，望之使人眼花。五月闹龙船，七月放河灯，一种繁盛之状，亦他处所未有。闸塘渔舟成市……庖肆争买。"可见当年清江浦的运河美景、市井繁盛。

如今，1415 街区作为大运河百里画廊项目"起、承、转、合"四大篇章的首篇，街区周边配套设施正不断丰富，以全力提升消费体验，不断优化调整业态、打造新亮点。君不见，"乐享'虾'夜·'惠'聚淮安"消费季启动仪式暨万人龙虾宴活动，联合"乐购清江浦""微笑艺术节""夏游淮安 最忆清江浦"等促消费活动，向市民和游客发出邀约，推动了"文旅商"业态融合发展。君不见，1415 街区商家交流座谈会及 1415 微醺音乐节，开启了新的文旅消费"流量密码"。林立的酒吧、特色的美食，充满年轻时尚气息；坐在"古董"建筑中品尝醇香的手冲咖啡，感受厚重的历史；登上画舫，在桨声灯影里领略运河美景……清江浦特有的历史记忆和现代时尚在 1415 街区融合、碰撞。

悠悠运河在沧桑烟雨中轮回，桨声欸乃，浪涛翻卷，这景、这岁月、这个 1415 街区都让人心旌摇曳、心灵震颤。

（安俊）

南门小街美食一条街　　南门小街美食一条街地处人民南路与解放路之间，是一条洋溢着烟火气息的小街，二三百米的街道上虽没有一处像样的门面房，却充满生活的喜乐。从前，淮阴城外种菜的农民不愿遭受守城兵丁盘剥，便在护城河南门外百十米的地方（淮三路边上一条三五米宽的土路）就地铺上草包、破麻袋片，售卖自产的瓜果蔬菜与农副产品，售价比城里便宜很多。城里人纷纷出城来买菜，久而久之就形成了地摊集市。后来有些商贩为避风雨遮阳光，就地搭起小棚子。冬天，小棚子不能阻挡寒风雨雪，有人就用芦柴或稻头秸（玉米秆）、芦秫秸（高粱秆）围起三面，留着朝向路的一面。再后来，粮油贩子为省去来回搬运粮油的麻烦，盖起茅草屋。有钱的粮油商还盖起像样的房子，在屋后围起围墙，便于堆放粮食物资，还有的盖起四合院，一条小街就这样在岁月中成形。

淹留还是坚守

对人间事，我总后知后觉。

深冬暮晚，从繁华的城市街道拐进这条小街，一路灯火晕黄，一直向人烟深处走去，竟有年深月久的宁静与绵长感。我在小街走得很茫然，一时难以穿过厚重的时间壁垒，唤醒遥远的记忆。边走边看，看简陋的店铺、旧日的吃食、劳作的人们，熟悉的感觉慢慢涌上心头，方觉竟是从前那条街。这条街，现是网红小街；那条街，只是从前的寻常巷陌，来来回回，不知走了多少次。

这条街，与那条街，相隔了快三十年。

这条小街主打各式小零食，这些吃食多少年来未曾变化，还是那样的做法，还是曾经的味道。食之味渗透肉身，无论相隔多久，只要旧时滋味再度飘香，回忆的思绪便将从前的日子细细记起。

依稀还是旧模样，弯曲绵长的东西走向，路旁一些平房屋舍，售卖平常吃食，整个街道的底色青灰中略显黯然。这么多年来，小街似乎未曾变化，变的是人，有个人从正盛的青春沧桑年近半百。

小街毫无与时代接轨的意思，执拗地留存了过往质朴，现在看来甚至是简陋落后，平房参差、街面坑洼，这么多年停在原点没有"发展"。我们都在期盼变化，变好变美变强，一成不变是不行的、不好的。可年来岁往几十年，故友一个个走散，新友又无太多时间焐暖，许多旧时场景也湮灭在光阴的流逝里，回忆的思绪漂泊无依、无处附着。这条小街的不变，将回忆一一勾起，将冬日的暖慢慢蕴藉。

　　烟熏火燎的日复一日中，小街房舍几乎纯黑，烟炭般执拗地维持着自身强有力的光泽。想起一句话：高级的朴素必含有精致，真正的简洁必含有深邃。小街简单、简朴，其中却别有一番丰富充盈，呈现一种简朴的富足，洋溢着热烘烘、暖洋洋的人间烟火气。还是那些店铺，牛羊肉汤馆、面馆、包子铺；还是那些小吃，酒酿、茶馓；还是那些酱菜摊，卖大头菜、萝卜干、豆腐乳；还是那些菜摊，卖葱、姜、蒜、大白菜、萝卜、辣椒、西红柿，一直将各式蔬菜摆到离行人脚步最近的街面。走进一家牛肉面馆，一间不大的毫无特点的房子，水泥地面水泥墙壁，进门就是厨房，墙上设立的碗柜塞满了碗筷碟盘，一口热气腾腾的大锅下是嘶嘶燃烧的炉灶，里面沿墙放了几张桌子，点一大碗牛肉汤，再来一块饼，一点点温热身体。

　　这样一个寻常的小街为何成为网红，成为清江浦烟火生活的生动呈现，首先最现实的考虑自然是价格亲民，十块二十块就可以吃上一顿丰盛的美食。还有一点应该是小街的无饰无华，无挑逗之欲，单纯、朴实，在过于喧嚣的时代，我们的内心对朴实其实是尤为怀念的。

　　小街沉默、内敛，岁月流逝中迎来送往、三餐四季。也许我们与真实的生活之间，只是隔着这样的一条小街。我们在这边，奔走匆忙；生活在那边，在小街氤氲而起的烟火里，那些人影幢幢的往事在弥漫的烟火里复活如初。小街很小，我们也很小，人世悠远，人间烟火最是入心。在万事万物都孱弱易逝的今天，小街的沉稳与安静令人感到可靠与安心。当寒夜辗转，回忆空荡，便来小街，吃旧时食物，味道与记忆会叠合。物是人非之后，找一处时间遗迹慰藉一腔心事，扛起生活的苦，继续往前走。

（荣根妹）

工农路大排档　　工农路与繁华喧闹的淮海西路相连，这里的大排档是淮安美食街的"老字号"，也是最具人气的城市排档，这里是最能满足吃货的一条夜宵街。几十家充满特色的饭店汇聚于此，各种海鲜烧烤、风味小吃的排档让人目不暇接，是市民消夜聚会的好去处。夜幕降临，整条街都是大排档，远远就能看见工农路上绚丽的霓虹招牌，十分壮观。"金湖龙虾""东北人家""淮扬菜"等，这些闪耀在夜色里的"金字招牌"把工农路装扮得分外妖娆。

前进路龙虾一条街　　前进路龙虾一条街在富春花园后面，靠近淮中高中部。在淮安吃小龙虾，前进路是首选。满条街都是小龙虾的香味，各式各样的龙虾，蒜泥的，十三香的，原味的，应有尽有，堪称一方品鉴美味的小世界。

威海路美食街　　威海路美食街位于深圳路南侧，其中心地段与南北走向的南昌路交会，是清江浦区东南部负有盛名的美食一条街。威海路美食街发端于 2014 年前后，先由南昌路以西、威海路南侧一些各具特色的小饭店吸引众多食客，后又有许多原在市区就很有名气的饭店迁移至此或开设分店，最终形成今天的威海路、南昌路纵横一平方公里的美食街区。威海路美食街主要以中小饭店为主，不仅有淮扬菜饭店，亦有其他著名菜系的饭店，还有一些地方名优小吃摊，价格相对便宜，深受消费者欢迎。傍晚到深夜，威海路美食街的饭店、摊点前，总是霓虹闪耀、食客如云，一片热闹祥和景象。

馆乐清江浦

五

清江浦不仅仅是一座商贸繁荣之城、工业发达之城，更是一座充满活力与创意的文化之城。文化是城市的神韵与灵魂，步入清江浦的文化长廊，你会领略到厚重的文化积淀、丰硕的文化成果和独特的文化魅力。在这座城中，既有图书馆、博物馆、纪念馆、楹联馆、摄影馆、记忆馆、名人馆、博览中心、文化广场，还有享誉全国的淮海剧团、长荣京剧院、淮剧团；既有现代化的淮安大剧院、长荣大剧院、荷芳剧院，还有历史悠久的大众剧场等。所有这些，形成了独特的历史文化底色，是清江浦文化艺术繁荣的象征，也是清江浦人诗意生活的象征。

中国淮扬菜文化博物馆　　这里有一场盛大的淮扬菜宴会，具陈着淮扬美食的前世今生，各式菜肴在这里粉墨登场，一一铺陈于你眸光的流连中。这里，一颗白菜的简净、一方豆腐的平和、一笼汤包的温暖、一捧游鱼的清新、一缕缕剪不断理还乱的干丝，都深潜着"民以食为天"的生念与寄予。进馆后，沿淮扬菜发展的脉络缓行慢品，得以窥见繁华的南船北马图、盐商宴客图。从展示与菜系文化相关的古黄淮河、运河文化的河馆，到展陈淮扬菜文化的菜馆，再到展示与食文化相关的民俗馆、互动学习淮扬菜的制作及品尝美食的学艺馆，一路经过的是淮扬菜长长的一生。博物馆集学术性、知识性、趣味性、参与性于一体，是目前国内最大的主题性菜系文化博物馆。尽管看见的淮安软兜、清蒸鲥鱼、清炒虾仁、开洋蒲菜、蟹粉狮子头、千层油糕等都是淮扬名菜的仿真模型，那香甜的滋味仍携着生活的千万念想飘然入心。

淮安市博物馆　　淮安市博物馆是一座地方综合性历史博物馆，国家二级博物馆，是淮安市文物收藏、陈列和考古研究中心，国家AAAA级景区，总建筑面积1.2万平方米，展陈面积6000平方米。现有馆藏文物3万余件（套），其中一级文物140件（套）、二级文物112件（套），三级文物895件（套），尤以1978年出土的高庄战国墓刻纹青铜器、青铜马车饰件、双卤原始瓷带盖熏炉等重要战国文物，2004年出土的运河村战国墓木雕鼓车及1984年徐伯璞先生捐赠的近现代名家书画为馆藏特色。作为基本陈列的"国家历史文化名城——淮安"大型展览，共分为"人文初开""楚韵汉风""南北锁钥""漕运中枢""盐榷重关""河务关键""英杰辈出"七个单元，彰显地方历史文化底蕴。设有谢冰岩艺术馆、谢铁骊电影艺术馆、徐伯璞捐赠书画陈列馆、曹子芳捐赠书画陈列馆和观众互动馆五个不同的专题展馆。

淮安国际博览中心　　淮安国际博览中心位于北京南路东侧、枚皋路南侧、长阳路西侧，是集展览、商业、会议、服务于一体的商展综合体。占地面积约195亩，总投资20亿元，总建筑面积约13万平方米，地上展厅可提供1400个标准展位，能够满足各类展览会议的需求。博览中心以食博会为龙头，集聚食品行业优势，打造展会全产业链，带动淮安会展行业发展。

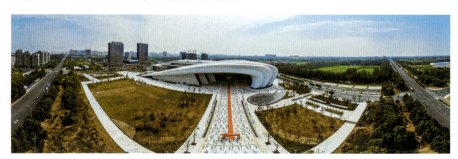

大运河文化广场　　大运河文化广场是市区最大的城市广场，位于里运河北岸，清江大闸和水门桥之间的漕运路北侧，占地面积约 7 万平方米，可容万人集会，是市民文艺娱乐活动的大舞台。

作为历史上的"运河之都"，淮安一直是运河喉吻、漕运要津，具有积淀丰厚的运河文化，大运河文化广场即为展现运河文化和运河之都风采而兴建。广场北端中心位置高高耸立着一座象征漕运的风帆主题雕塑，两侧刻有 8 幅石质浮雕，分别为"夫差末口陈兵图""磨盘舣舟待潮图""清江浦仓厂盛况图""漕督躬亲盘验图""康熙码头巡河图""舟船过闸艰险图""通衢古驿晨旅图""水上立交壮观图"，浮雕前还有音乐喷泉。广场东西侧竖有 16 根石柱，每柱雕塑一位历史名人。右 9 根为淮安籍历史名人：韩信、枚乘、鲍照、梁红玉、龚开、吴承恩、阎若璩、吴鞠通、关天培。左 7 根为淮安历史上的治河名人：陈登、乔维岳、陈瑄、潘季驯、靳辅、郭大昌、黎世序。

一城中心的广场

　　大概每一个久居城市的人都会喜欢开阔之地。寸土寸金的城市土地总被人们最大限度地利用起来创造财富，建造楼宇、商场、住房，这些钢筋水泥的高大建造物看多了，会形成视觉上的阻塞感和心灵上的逼仄感。于是，城市广场仿佛成了城市之肺，给予城市人自由呼吸的空间。

　　清江浦城有一广场，在运河边上，处一城中心，常有各式文化演出活动在此举行，故名"大运河文化广场"。

　　夜晚是广场最热闹的时候，广场舞、溜旱冰、吹拉弹唱、小型演出齐齐登场。最火的是广场舞，晚饭后人们约好了似的聚在这里，音乐响起，阵仗排好、起舞翩翩。广场舞音乐节奏感强，劲爆热辣，很有氛围感，看一会儿便想加入他们一起随乐而动。烦闷之际跟在他们身后随意跳跳，会觉心情高涨，情绪通畅起来。跳舞的多是"大妈"，网上曾有人戏言"广场舞大妈的生活幸福指数是最高的"。是这样的，舞蹈天然是感性的、感官的，与喜怒哀乐相连，与整个人的生命状态相连，叫人忘记年龄、忘记烦忧，让人想一直跳下去。"大妈"们统一着装，练习一些流行的舞蹈，参加广场舞比赛。看着她们身体舞动之际神采飞扬，不由会想，什么时候也会加入她们的行列，忘却凡尘忧烦，尽情起舞，无怪乎许多人退休后便迷恋上了广场舞。这里的广场舞团队多有组织，一些人因为共同的爱好走到一起，除非刮风下雨这些客观上的因素，几乎日日都来这里一起跳跳舞、说说话。看着他们跳舞，感受他们的喜气洋洋，觉得这样的生活甜糯糯的，叫人欢喜。生活啊，总归要有所爱，才可以活得有滋有味。

　　曾在广场边的一个高楼里住过几年，从高处看，方能看出这个广场存在的意蕴。世间许多事都是这样，身在其中时常是不自觉的，脱离开后才看出其间妙处。这里是土地价值很高的市中心区域，这个城市最高的建筑、最繁华的商业、最密集的人口都集聚在周边。密集会使人感到空间逼仄，心情亦深受影响。夜幕降临，在一城灯火里眺望这个广场，灯火琉璃，如梦如幻。艺术构图讲究"疏可走马，密不透风"，这个广场应该就处于城中心的"密"处，有了这一"疏"，便有了一城人的心情舒畅。

　　广场一边是里运河，一边是有轨电车，在这里，有繁华市井的趣味，文化休闲的自得，浸润于运河水年深日久的沉静，还有说走就走的便利交通。来清江浦城，品尝过淮扬美食，晚间可以来广场走一走，吹一吹里运河边凉爽的风，听一听城里人悠然自得的吹拉弹唱，再加入跳舞的队伍随意舞动，生活可以这样子随心所欲。

（陈亚林）

淮安名人馆　　淮安名人馆坐落在淮安市清江浦中洲岛上，是集中展示淮安历史名人的一座现代化展览馆。作为依淮河而建、因运河而兴的城市，淮安的历史与运河的历史一样久远与深厚。淮河、运河以其甘甜丰美的乳汁，滋养了一代又一代勤劳智慧的淮安人，更是培育了灿若星辰的将相之才、文学巨匠等各类英杰，从千古名将韩信、汉赋大家枚乘、《西游记》作者吴承恩，到新中国开国总理周恩来，淮安这方热土人杰地灵。淮安名人馆共选列淮安历史名人52位，如韩信、枚乘、吴承恩、关天培、周恩来等，走进这里，犹如走进群星灿烂的淮安历史长河。

淮安市运河楹联馆　　淮安市运河楹联馆位于大闸口中洲的清江浦楼内。清江浦楼新建于2003年，高达23米，为飞檐翘角的仿古建筑，巍峨壮观。2007年，清江浦楼被改造成淮安市运河楹联馆。通过全国范围的征集，淮安市运河楹联馆共收到应征楹联1200多副，经专家评审最终评出46件获奖作品。为了更好地展示这些优秀的楹联作品，邀请了46名国内知名书法家，对46件获奖楹联进行书法创作，后采取装裱和木刻两种方式悬挂在清江浦楼内。这些优美的楹联和书法家们精湛的技艺，使得人们在游览里运河旖旎风光的同时，又多了一重艺术雅趣。

赛珍珠声音博物馆　　2022年，由清江浦区文广旅游局和喜马拉雅平台共同打造的赛珍珠声音博物馆，是全国首家运用声音装置赋能个人IP的名人故居博物馆。该馆依托省级文物保护单位福音堂，借助喜马拉雅平台的声音科技，将历史建筑打造成体验式博物馆，采用新科技从新视角来呈现赛珍珠的一生。空间内丰富的声音碎片，立体呈现了赛珍珠的一生，馆内不落一字，却尽显风华。

　　馆内展陈共分为六大区域，分别是二楼门厅——生平篇，以赛珍珠单人肖像油画和定向音响，简要介绍赛珍珠的生平；门厅左侧房间——成长篇，以赛珍珠各年龄阶段的照片、曾在清江浦居住过的建筑旧照、获奖作品照片等，讲述赛珍珠来到中国直到获得诺贝尔文学奖的经历；小厅一——交友篇，讲述的是1921年赛珍珠女士受聘于美国教会（美以美会，即卫斯理会）所办的金陵大学（1952年并入南京大学），她积极参加社会工作，结识了当时的很多社会名流，如徐志摩、梅兰芳、胡适、林语堂、老舍等，这些名人都是她家的座上客；小厅二——手稿篇，展示了赛珍珠女士珍贵的笔迹，有帮助友人亲笔修改的稿件、亲笔写给海伦的生日回函等；书房——书房篇，布置有书桌、书柜、老式电话机、老式打印机等旧物件，

场景再现了赛珍珠曾经的创作环境；会客厅——作品展示篇，这里整体还原美式
装饰风格，配备有老式录像机，放映根据赛珍珠的获奖作品《大地》改编的电影。
此外，还有红酒储藏室、小会客厅、祷告室，展现当时美国传教士在清江浦的生
活情境。

清江浦记忆馆　　清江浦记忆馆位于清江浦里运河文化长廊景区的中洲上，建筑面积 1600 平方米，展馆面积约 1300 平方米，分为"开埠前的淮安""晚清民国时期的淮安""新中国成立后的淮安""改革开放以来的淮安""砥砺奋进中的淮安"五个部分。展馆以明清以来 600 年清江浦城市发展为脉络，以复现城市记忆为主线，通过图影式情景再现的表现手法，探寻淮安城市发展的根源，溯源淮安城市发展历程，让游客感受昔日"南船北马，九省通衢"的清江浦的繁华，进一步展现"运河之都"的深厚文化底蕴。

淮安戏曲博物馆　　坐落在清江浦大闸口历史文化风貌区里运河中洲上，与清江浦记忆馆、淮安名人馆、清江浦楼和里运河南岸的陈潘二公祠（大运河名人馆）、吴公祠、斗姥宫、栗大王庙，共同组成淮安运河博物馆，构成里运河文化长廊一道亮丽的风景线。全馆展陈面积约 2700 平方米，整个展览分为序厅、古代戏曲厅、戏曲知识厅、京剧厅、淮海剧厅、淮剧厅几个部分，运用幻影成像、人物蜡像、场景模型、园林场景、梦幻编钟、舞台再现及多维全息数码互动游戏等复合展示形式，全面反映了淮安戏曲发展的历史和成就。馆内集中展示了许多淮安戏曲名家的艺术风采，如京剧"通天教主"王瑶卿、麒派艺术大师周信芳、荀派表演艺术家宋长荣、淮海戏表演艺术家谷广发、淮剧表演艺术家筱文艳等，并呈现了傩戏、十番锣鼓等非物质文化遗产场景，彰显出淮安文化名城、戏曲之乡的特点。戏曲博物馆内设有古戏台，经常举行戏曲表演等文艺活动，已成为戏曲票友交流、联欢的场所。

清江浦区文化馆（书画院）　　清江浦区文化馆是国家一级文化馆，坐落于风景秀丽的古淮河文化生态景区西侧，占地面积约 4000 平方米，馆舍建筑面积近 500 平方米。馆舍建筑采用明清仿古风格，呈内院式布局，分前、后两幢，四周以连廊连接，东游廊延伸至古淮河边，门前为"囍"字形的鸿禧广场，占地面积达 6000 平方米。整个建筑在不失地域文化特色的基础上，继承传统布局方式，更有内涵。馆内设有多功能展览室、非遗展览馆、名人工作室、非遗匠人工作室（仿真线编传习基地）、书画室、文艺创作室、舞蹈排练厅、录音室、书画展示长廊等文化服务功能厅室。

清江浦区图书馆（音乐图书馆）　　清江浦区图书馆位于古淮河文化生态景区内，是以书刊收藏借阅为主的综合性公益文化服务场馆，占地2000平方米，建筑面积8400平方米，共4层，2012年6月建成投入使用。2024年，新完成面积1200平方米的中外文学区改造，新上架文学、历史等各类书籍10万余册，打造融空间美学与沉浸式体验于一体的新型公共文化服务空间。

清江浦区图书馆通过积极搭建全民阅读公共服务平台，推进总分馆体系建设，精选人流密集社区，以"一房一特色一主题"为基准，以文旅融合为发展思路，打造遍布主城区的24小时翔宇城市书房，"全天候不打烊"，打通公共图书馆服务到社区的"最后100米"，将阅读送到家门口，以小而精的独特魅力吸引读者。2022年被评为江苏省最美公共文化空间。

2020年，清江浦区图书馆内还打造了清江浦音乐图书馆，是集经典音乐唱片欣赏、交流，经典音乐讲座，音乐图书阅览、分享，以及乐器演奏、培训于一体的特色馆中馆，是全国少数几个音乐图书馆之一。目前收藏了2000余册音乐专业类书籍，万余张经典黑胶唱片，3000余张CD、DVD及数百TB的无损数字音乐资源，配备国际专业级别的音响、黑胶播放机、CD机及数字播放器等设施设备，音质解析度高，声音还原逼真，具有音乐会现场的聆听效果。特色鲜明的音乐图书馆是公共图书馆多元化服务向社会延伸的一种创新模式，这里常年不定期举行各种经典音乐欣赏与讲座等活动，是淮安市"红色音乐说党史"活动基地，已成为弘扬经典音乐文化、提升广大读者特别是青少年朋友艺术品位的一方净土。

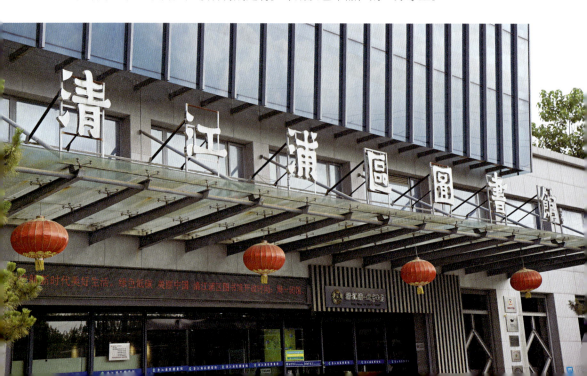

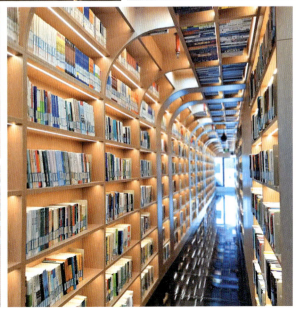

剧
院

江苏省淮海剧团　　江苏省淮海剧团的前身是淮阴专区大众淮海剧团，在尚处革命战争年代的 1948 年，由淮海区第三中心县委大众淮海剧团和沭阳县艺人小组部分艺人组建而成。1956 年 11 月，淮阴专区大众淮海剧团升格为江苏省淮海剧团，仍驻清江市，并先后从县属剧团和有关部门调进演员、编剧、导演、作曲、舞台美术工作者多人充实剧团。1957 年，参加江苏省第一届戏曲观摩演出大会，传统戏《催租》《骂鸡》《打干柴》，现代戏《拾秸头》，以浓厚的乡土气息和地方色彩获得一致好评。1959 年国庆节，团长谷广发作为江苏省劳动模范观礼团成员，赴京参加庆祝国庆 10 周年大典。1960 年，剧团被评为全国社会主义建设先进集体。

剧团成立以来，新老艺人配合挖掘整理传统剧目、传授唱腔和传统表演技艺。1960—1961 年，两次进行规模较大的艺术练兵活动，对剧种风格、剧目、唱腔、语言、表演等，做了比较全面的研究。初步整理出淮海戏的历史源流，编写出《淮海戏音韵》《淮海戏舞台语言研究》，挖掘、继承了长期不唱的老腔，改革、创造了一些新腔，演出水平有很大提高。先后创作、整理、改编和移植演出的剧目多达200 余部。其中，整理改编的《皮秀英四告》《三拜堂》《樊梨花》《催租》《骂鸡》《借靴》《赶集》《王婆卖瓜》等剧目是剧团的优秀代表作和保留剧目。创作演出的现代戏《十里香》《生死怨》《儿女情》《果园风情》《粉祸》《非常母女》《豆腐宴》《临时爸爸》《永恒的彩霞》《皮秀英》等剧目曾先后多次参加全国性艺术活动，多次荣获精神文明建设"五个一工程"奖和中国戏剧奖·优秀剧目奖。

2005 年，剧团荣获"全国文化工作先进集体"称号。2007 年 12 月，在苏州举行的第十届中国戏剧节开幕式暨梅花奖获奖演员颁奖仪式上，《豆腐宴》主演魏佳宁获得首届中国戏剧奖·梅花表演奖。2008 年 6 月，江苏省淮海剧团被国务院公布为第二批国家级非物质文化遗产单位，并进京参加中国非物质文化遗产展演。富有浓郁乡土气息和地方特色的淮海戏，成为绽放在淮海平原上一枝绚丽的艺术花朵。

江苏省长荣京剧院　江苏省长荣京剧院原名淮安市京剧团，始建于 1960 年，2003 年经江苏省文化厅和淮安市政府批准，以著名京剧表演艺术家宋长荣名字冠名，更名为长荣京剧院，宋长荣任名誉院长。

1960 年，沭阳、泗阳、泗洪、宿迁、涟水、盱眙 6 个县京剧团整合成立了淮阴地区京剧团，属全民所有制事业单位，1963 年改为集体所有制性质。1983 年，随着淮阴地区"撤地改市"，剧团更名为"淮阴市京剧团"，2001 年淮阴市改名淮安市，剧团更名为"淮安市京剧团"。2002 年，为充分发挥著名京剧大师宋长荣的名人效应，打造名人品牌，弘扬国粹，剧团更名为"江苏省长荣京剧院"。

江苏省长荣京剧院始终以弘扬京剧艺术为己任，坚持"二为"方向，贯彻"双百"方针，演出遍及大半个中国，曾多次赴京并两次进中南海怀仁堂演出，两次赴香港、两次赴台湾演出，还曾四次赴加拿大、两次赴美国交流演出。由剧院排演的荀派名剧《红娘》《红楼二尤》《金玉奴》等 10 多出剧目先后被拍成电影、电视剧或被制作成录音录像制品。新编历史剧《桃花酒店》由中央电视台拍成电视剧播放，获国家广电部"星光奖"一等奖；新编传统戏《鸳鸯帕》由江苏电视台拍成电视播放，获全国戏曲电视剧"金纸奖"的荣誉奖。

2019 年 11 月，《国家级非物质文化遗产代表性项目保护单位名单》公布，江苏省长荣京剧院获得京剧项目保护单位资格。

淮安市淮剧团　淮安市淮剧团于 1955 年成立，前身是清江市淮剧团，是淮剧代表性团体。多年来，淮剧团扎根江淮平原，长期活跃在江、沪、皖的广大城乡地区。建团以来，先后排演百余部剧目，多次荣获省级以上大奖，受到专家肯定和观众好评。面对竞争激烈的演出市场，剧团深挖自身潜力，转变思想观念，积极探索新的发展模式，又组建了艺术团。近几年来，剧团先后排演了音乐剧《红岩魂》《开国总理周恩来》《好支书李元龙》等剧目，获得了广大观众与市场的欢迎。

2019 年 11 月，《国家级非物质文化遗产代表性项目保护单位名单》公布，淮安市淮剧团获得淮剧项目保护单位资格。

淮剧在淮

我与淮剧之缘千丝万缕，大概是因与当年市淮剧团团长周兴和及省淮海剧团团长包鹤云，还有那个常常用花生米与我喝酒的淮安翻跟头"苗教头"

都是好朋友的缘故。

清末，淮剧就已在淮安生根成型了。说是成型，也就是说它从栽秧小调式的江北小戏脱离开来，在京戏基础上不断完善并自成一家。1912年，淮地艺人何孔德、陈达三把淮剧带到上海，让淮剧成为上海三大剧种之一，也为淮剧的正统发展奠定了基础。正如现在的年轻人张口都能说出几个歌星影星一样，早年的清江浦也有几位淮剧界名角，如陈德林、张云良、马秀英，还有王志豪和筱文艳等被人们津津乐道。众多剧照中，王志豪身着中山装的照片格外醒目，颇具淮安风情，又由于他后来有了特别的口碑，更让人对他有着深切的怀念和淡淡的伤感，他的戏曲表演光盘早年只有东大街头门朝北的一家音像商店里有售了。

淮剧深得人心是因为颇有艺术含量，仅唱腔就有南昌调、十字调、淮悲调、叶子调等，以及来自民间的小曲调子如磨房调、补缸调、跳槽调等。伴奏乐器有二胡、三弦、扬琴、唢呐、笛子等，打击乐有扁鼓、苏锣、堂锣等。

清江浦城区唱淮剧的除了淮安市淮剧团以外，还有好几处地方，午后是北京路边的夕阳红公园，夜晚则在里运河北岸以及醉笑天酒楼门前碑亭里。男女老少自带着乐器、扩音器、小凳，还带着戏装，自发组成若干个小圈子，讲究的淮剧票友还扑白粉、搽胭脂、涂红唇、描黛眉。大家自弹自唱，自由组合，自娱自乐，唱错了就重唱，唱累了就坐下来喝口水。人人是演员，人人又是观众，听不出他们谁唱得更好一些，感染人的只是他们悠然自得的心态。抑扬顿挫、自由扯拉的淮剧调子飘扬在清江浦的上空如泣如诉，总让你想起一些逝去的故人，甚而热泪盈眶。

（张月明）

淮安大剧院　　淮安大剧院位于翔宇大道以东、枚皋中路以北，与西北侧的淮安市四馆（城市博物馆、文化馆、美术馆、图书馆）遥相呼应，构成淮安市新文化艺术中心。

大剧院占地面积近4.8万平方米，总建筑面积近2.6万平方米，建筑高度约33米。大剧院设计为圆形几何体状，以几个简单体块的组合，结合外倾竖向表面的向上态势，形成强烈的"绽放"意向，象征漂浮于台基之上的一朵艺术之花正优雅地绽放在淮安新城。曲面玻璃幕墙竖向线条产生的韵律犹如悠扬的旋律，向外传达剧院内部的曲艺歌舞功能。圆形的设计保证建筑在任何方向都能呈现同样出色的视觉效果。远观可凸显造型意向，近看则体会气势的恢宏，极具视觉冲击力。层叠的屋顶更是优美生动，展现了精彩的"第五立面"，使周边的高层也获得良好的观察视角。大剧院工程获得 2017 年度全国优秀工程勘察设计行业奖公共建筑类一等奖。

大剧院对外服务以来，接待了世界各地及国内许多著名乐团、剧团，受到广大观众的热烈好评。

长荣大剧院　　长荣大剧院是以荀派京剧艺术大师宋长荣的名字命名的现代化剧院，坐落于风景秀丽的古淮河文化生态景区内。剧院内金碧辉煌、豪华大气，配备一流的灯光、音响等设备，是一座具备戏曲表演、数字放映、音乐综艺、会议、论坛、展览等

综合性功能的场馆。一楼大剧场内可容纳 800 人观看演出，二楼荀派艺术馆展现了荀派京剧艺术和宋长荣的艺术生涯，让人们能够了解荀派京剧的文化脉络及其艺术魅力，三楼是设施豪华的数字电影放映小厅和 5 个不同风格的放映包间。

荷芳剧院　　位于大治路的荷芳剧院，原为江苏省淮海剧团的内部剧场。为吸引更多观众，培养年轻演员，保护和传承淮海戏，剧团利用自有场地，在荷芳剧院推出了"周末剧场"——每周五晚免费为市民演出淮海戏。同时，把一些经典传统剧目事先公布，让观众"看单点戏"。

　　每逢"周末剧场"，剧场内会按照传统堂会形式来布置，摆上方桌，市民可以一边听戏，一边喝茶吃点心，营造出浓厚的听戏氛围。"周末剧场"精彩的地方戏曲、精湛的表演艺术，吸引众多市民前来观看，常把小小的剧院挤得水泄不通。荷芳剧院"周末剧场"受到广大市民喜爱与欢迎，成为弘扬本土戏曲文化的主导阵地，许多外地戏迷与游客也常常慕名而来。剧院还依托地方淮海戏、淮剧、京剧专业院团，不断推出新剧目，全面展现地方戏曲文化，极大丰富了群众精神文化生活，赢得社会各界称赞。

大众剧场　　大众剧场位于都天庙街区南端，距今已有70多年历史。1950年，都天庙大院内开办"淮阴大舞台"，虽然很简陋，但来演出的戏班子很多，常需要买站票。1951年，都天庙改作他用，"淮阴大舞台"迁到广荫庵，在庵院内盖起剧场，更名为"大众剧场"。门楣上"大众剧场"几个字是清江浦籍书法家谢冰岩手书。

大众剧场初创时期以演出淮剧居多，周茂贵的淮剧班子，以及盐城、阜宁、涟水的私人淮剧班子都来演出过，每次演出时，剧场内都非常热闹。

1956 年，大众剧场取消股份制，由小集体改为大集体，1960 年改为国营企业。1964 年，清江市与淮阴县分置，大众剧场归淮阴县管理，不久淮阴县文工团入驻大众剧场。20 世纪 90 年代，淮阴县文工团撤走，加之群众娱乐方式渐趋多元，剧场濒临倒闭。随着政府对非物质文化遗产和传统戏剧传承保护的日益重视，大众剧场在都天庙街区改造之后焕发新的生机。

风情清江浦

六

清江浦人依河而居，一代又一代在运河边劳作生息，形成了运河沿岸独特的生产、生活、婚庆、节庆习俗，既反映了运河两岸的生产方式、生活状态，又寄托了对未来生活的无限希望。从城市主体外貌看，清江浦完全具有现代化大都市的壮观气象，但如果要深入了解清江浦历史文化和风土人情，就要从烟火气十足的古街古巷开始寻探。在东西大街可以看到明清清江浦商铺林立的街市印迹，在百余米长的花街可以看到旧日清江浦市场的红火热闹，从都天庙的大街小巷可以读出清江浦市井的平淡与悠闲，从清江浦的庙会可以感受到清江浦淳厚的民俗风情。现如今源自清江浦的"掼蛋"已成为风靡华夏的文化娱乐活动，这些散发着清江浦泥土记忆的往昔，复原着清江浦丰富的风土人情。

街巷

流光一瞬　古巷百年

明末清初有个叫谈迁的史学家徒步旅经清江浦，在《北游录》中记述道："清江浦居人数万家，夹河二十里，余登北岸，见淮水汤汤，历天妃庙后而东入海也。对望王家营，限隔天堑。"晚清有个骚客张德彝途经清江浦，以日记体描绘："街市繁华，仕商云集，晚间灯火烛天，管弦盈耳，洵天下第一名区也。"

清江浦自明代永乐年起至清朝亡，因漕运盐粮兴盛数百年，汇聚朝廷官吏仕勇、南北富商巨贾、周边贩夫走卒及三教九流之多，千里运河线上一时无二。由漕运而兴建的清江浦镇，路、街、里、巷达259条，康乾辉煌时期居住人口达54万，镇之大、镇之繁华、镇之因市而建的格局，以那个年代说，是罕见的。老镇上的每一条街道、每一条深巷、每一座小桥、每一块石头，都记载着昨天厚重的历史、尘封的故事、拍案的传奇，构筑着清江浦古往今来的人文风景，让人驻足、流连。

带着对历史的探究，走近消失的、半消失的，特别是尚未消失的寻常巷陌——花街，岁月悠悠，历史深深。自清江大闸南侧出口起，月牙形向西南延伸约百米至清江浦原石砖城东门口的朱公桥附近，便是远近闻名的花街。花街虽短，却可代称清江浦，她见证了数百年商贸繁盛，几乎从未间断。花街内多为二层砖木小楼或青瓦房，夹青石道为街，曾因买卖各种色彩的绢绒花而得名，与一度出现过的青楼或草本花市无关。其实花街在历史上经营过五花八门的多种商品交易，可谓车水马龙，人潮如流。据悉，现在临街东南片门面的产权大多归紧依偎的慈云寺。

从花街信步拐上已具四百多年历史的淮上名刹——慈云寺，寺前曾有一条热闹的街道，与牛行街相连，会聚三教九流人等谋营生。新千年初被改建为广场，失去街貌。

往东便踏上了牛行街。这条明清时的老街，史上曾经营过肉牛、耕牛生意，河南、安徽皆有贩牛人到此集散交易，放牛于南湖丛林。据说，牛行做成气候的有孙、张、李等人家，筑有数十间房屋用以黄牛、水牛存放。沿街而行，乏了，不妨坐下来尝尝街内小吃。那几家牛肉汤的香啊，飘满一条街，倘若再啃上几口油饼、"油鬼"，包你通体舒泰，顿生做神仙的感觉。只是，时代发展，牛行街消失于新千年初，而今成为市场大潮中的文庙新天地。

东西大街的东大街原与花街拐个弯由朱公桥相连，后被石砖城的东门隔开，20世纪末又被承德路彻底分离。东大街北边系斗姥宫，附近建有明总督漕运厅事，后来划给里运河同知署。大街两侧林立着商铺、戏园、药房、饭店、庙宇、青楼，以及都天庙、广荫庵、毗卢庵，还有张仙楼、纪家楼等楼宇，是清江浦最热闹的场所之一，也是署衙官兵、市井百姓等最喜欢光顾的地方。西大街商铺、里巷杂以民居等，街北为清河县衙署、草市口、新丰济仓等。东西街之间被一条道路隔开，自小水门往南一百多米长，汇聚了淮扬镇署、中营守备署、镇台衙署、中营游击署等，地方官、守军兵勇出没于此。东西大街虽然失去多年前的繁华，不过依然算是较热闹的大街。

北门大街自石砖城北门（拱宸门）至西大街，街东系官署所在地，衙署院落阔大，街西侧依次为平成楼、太平楼、灵应祠等。南门大街则从南门至西大街，与北门大街相衔接。街东以民居为多，街西系清宴园与河道总督署所在地，轿马不息，权贵气场颇重，非凡夫俗子敢靠近。这两条街可合称为南北大街，与东西大街对应，是老清江浦城的政治文化中心。

十里长街在运河北岸，是商贸、学校、宗教、民居及青楼相对集中之街，中间被石码头街分隔为东西长街，故又称东西十里长街。这条长街演绎了600年来多少动人的商贸草民故事，是一条长街承受不住的。

石码头街，又称车马道，南至清江大闸御码头，北越汰黄堆外城过安涉桥至黄河外堤（今健康东路），堤外即黄河滩，通向王家营渡口，是"南船北马，舍舟登陆"的重要通道。当年这条街道骡马小车如流，临街店铺、旅馆、饭店的小楼瓦舍连云，是各类商贸农工产品包括猪马牛羊的交易场地，称得上是清江浦最繁华的商业街市之一。

越河街，经御码头傍运河之分流越河往东，街道不长，至小万字口，市井味颇浓。这里生活着不少回族居民，沿街除日杂百货小吃店，有名的景点有清真寺、娃娃井、老坝口等。

荷花池巷，商居杂混，巷内大巷套小巷，其中明清时期的滴水巷最为有名，已有四百多年历史。荷花池浴室尽管是后来开设的，但与整条巷互动，人气极为火爆，"商味"十足。

草市口巷，曾以集草为市闻名于清江浦，后发展为商居结合点，以做小生意为主。

龙亭巷，在闸口南岸附近，自河堤往南至长春巷，与乾隆皇帝到清江浦视察漕运有关，因巷内建有"龙亭"而得名。

鸡笼巷，与明清时贩卖家禽及与全庆街入口处的店铺卖鸡笼有关联而得巷名。19世纪后期，美国基督教传教士赛兆祥在此地段设宣教站，不久林嘉美、林嘉善兄弟俩从美国来到鸡笼巷建福音堂、开西医门诊，名声很大。巷名后来改为基隆。

（车军）

清江浦之花街

清江浦"花街"坐落在老城区内，东西走向，西端紧靠古清江浦城东门的"安澜门"，东端则与大闸口南部的轮埠路相接，整个街也就二百米，一眼就望到尽头。别看街小，名气可不小，老清江人没有不知道花街的。在那个穿布鞋、着长衫、戴软帽的漫长年代里，花街给人们带来的是开心和喜悦，多姿多彩的花朵便是这些心情的最终表达。

花街之所以被称为花街，是因为街上以卖花为主要经营内容的店铺居多，不过，在这条街还没有这个名字之前并不是这个样子的。据资料记载，街的西头与东大街西大街是连在一起的，有三四里长。后来清江浦城建起城墙，切断了这条街，在这个街口建起一座高高的东城门，城门头上刻着"安澜门"三个大字。城里街中间又开通了南北的中心道路，两边的街就被称为东大街和西大街，而被隔在城外的街就剩二百米了。这里经营的花可不是鲜花，那个年代虽有鲜花但无法保鲜和销售，而人工制成的花就不一样了，非花如花，不鲜胜鲜，甚至比鲜花更逼真、更好看、更具渲染的色彩和造型。这些花主要有两种——绒花和绢花，非常漂亮，可以乱真。这些花大都是从南方批发来的，绒花多来自扬州，绢花则来自苏州、杭州。本地制的花也有，自己做的，由于原料和技术原因，做不出外地产的那种漂亮，价格也就相对便宜一些。花街的花主要服务对象以新娘、少妇等女性为主。爱美之心，装饰自己，美化生活，追求美的态度在任何年代都不会缺席。花街应运而生，花店一家连一家，各摆铺面，争奇斗艳，常年兴隆。在这许多花店中，尤以西头康家花店最盛，门面大、装潢好、品种全、花样齐。乡村集镇的商贩也常到这里批发，生意一时较为红火。

朴素的爱美心理催生了爱花人的多重理念。反过来，这些花店的掌柜们又为买花戴花的女人们设计了时尚和讲究的套路。什么人戴什么花，从花式上就辨别出身份气质，小姑娘青涩鲜亮戴百合花，新媳妇新气象戴喜气朝阳花，中年主妇成熟练达戴如意万福花，老太太富贵满堂戴寿字如意花。更有细分的去处，比如新婚做媒的人可戴红双喜花，全福证人可戴全福花。花上有双喜、全福、万寿、百禄、祥云等字样和图案，让人一看便知其身份。花店里的花色彩变化不多，也都是我们通常可以见到的那些种类，但式样和品种的丰富，足以让每个人的脸上都绽放出如花一般的美丽和欣悦。

花街以花的名义成就了一条小街，而小街又以花的美丽成就了一个城市。倘若把城市的岁月拉长为历史，那么花街兴盛、美名远播之际也正是漕运鼎盛之时。大

运河贯通南北，里运河穿清江浦老城而过，南来北往，开枝散叶，悠悠水长。直到漕运落下历史的帷幕，大运河被多重的现代方式取代，清江浦城也随之流于平庸和普通。可这个花街却依然还在，名声依然有着不能抹去的光泽。只是不再卖花了，所经营的花的事业转行的转行、变卖的变卖。短短的小街在漫长的不同年代里，商店也在不断地为生存而调整着自己的门面和脸面。有挂"朱桂记印刷店"，有挂"蔡记白铁店"，还有挂"特色粉团老店"之类。后来时局不定，变化也就快些，更有不同类型的店面层出不穷。如"东天禄茶食店""许源和丝线店""王元记蜡烛店""陈三义铜器店""五湖轩茶楼""高善堂药店""张六宝布店""徐昌隆百货店""周养轩古玩典当铺"等都曾出现在这条小街上。再后来招牌也挂得随

意，经营也显出繁杂和多元化，商家、顾客、商品也无法归类。清末民初之后的花街依然还叫花街，只是花店和美丽的花成了这座城市的记忆和尊严。这种美好记忆和尊严对于清江浦城来说似乎也成了生活在这里的人们的信仰。花街目睹了自己身边的变化，甚至在抗日战火烽烟的冬天、解放大军解放淮阴城的春天，都始终矢志不渝地与古城站在一起，成为古城的一部分，并点亮古城人们心中的灯盏。

　　后来，花街还叫花街，不过更加低调，更加没有存在感地淹没于芸芸众生之中。直到改革开放，直到中国梦的崛起，花街才旧貌变新颜，焕发出新时代街景气象。据知，被称为"花街"的地方全国还有几处。比如柳州的花街、广州的花街、西宁的花街。这些花街都有自己的故事，但我敢说，没有一个有清江浦花街的历史和积淀，甚或文化的传承。

　　想起近人诗一首曰《花街》："锦花朵朵霞正红，高楼低眉幌随风。尘嚣拂过清淮水，依稀少年簪香容。"

（叶江闽）

从东大街到西大街

明清时期清江浦街道最负盛名的莫过于与花街相连为一体的东、西大街。应该说，是清江浦城成就了东大街、西大街，尤其是在吴棠构筑石砖城后，贯城主干道便是与运河同一个流向的三华里长的中心街。东、西大街荟萃了清河城政治、经济、文化、商旅、民俗之精华，是它成就了清江浦，让这座城名重天下。

带着对历史的探究，重走一遍烟雨岁月中隐去旧身影的老街，相信会有潜上心头的钩沉，轻敲着听不清声响的青石板道，演绎着昨日传奇。

从朱公桥向西出发，融进因漕运而兴盛的东、西大街，会看到街北的斗姥宫在明清的历史烟尘中向你招手，涓涓传播着古老文化与运河漕运的故事，惹得街南街东的都天庙、慈云寺、广荫庵、毗卢庵等升腾香火，意佑国泰民安，引得周边的张仙楼、赵家楼、纪家楼及七道弯的大仙富贾草民翘首盼望，逗得沿街的粮行、当铺、钱庄、茶馆、酱坊、杂货店、成衣铺、烟馆、酒楼、药材店等伙计无法定心营生。

忽然一通锣响，传来皂隶兵勇的吆喝开道，原来是斗姥宫旁的漕运厅事、里运河同知署的老爷们，会同街西头河道总督署、淮扬镇署、中营守备署及清河县衙来的一群文官武将，前往常盈仓检查工作。东大街上的行人愈聚愈多，凑热闹的，做贸易买卖的。瞧瞧这家布店，绸缎花色吸引人，看看铁匠铺，敲打铁块的节奏像山东快书。哟，灯笼店挨着山陕会馆，淡雅要数杭州春茶馆。

时光匆匆，转眼百年，新筑的石砖城，街市热闹如常，变更的只是一代一代行人的面孔，在拉魂腔调里、在徽班戏声中，游走着梨园魂魄。

西大街草市口进出着役工兵卒，显然来自深巷中的新丰济仓。漕运河道衰落，但天下粮仓依然忙碌。

县衙、河道署、漕运总督署门前人潮如涌，是从滴水巷、进彩巷、察院巷、御史巷、官园坊等背街后巷走上大街的小民，他们忙着各自的营生，官不惹他、兵不

侵他时，便兴奋着滚滚红尘。

捻军攻陷清江浦，扼杀了清江浦数百年繁荣。十三协兵变，让清江浦城在辛亥革命的枪炮声中走进民国。当时的清江浦虽因海运的兴起、津浦铁路的贯通而失去了漕运重镇地位，夹河而居的人口也仅剩十余万，但东、西大街依然是商贸日杂文旅最繁盛的段落。瞧，玉壶春酒楼食客如云，小吃店的各类名点在叫卖声中香溜了一街，花街上五花八门的绢绸花隔着朱公桥耀眼，棺材铺、冥器店斜对着镶牙、装裱铺，运河里官船减少、民船增多，渔火相映着东、西大街的街灯。夜市虽歇了，尚能听到深巷中古筝扬琴二胡竹板的旋律传上街头，依稀辨识从这里走出来的一个个名人。

京剧界与东、西大街有着千丝万缕关系的"通天教主"王瑶卿的祖籍便在清江浦的火星庙街。周信芳幼时贫困，寄居毗卢庵旁的三角棚。他是京剧麒派创始人，七岁时便以艺名"麒麟童"一嗓定乾坤，名满天下。

王叔相是厅门口巷走出去的同盟会成员，曾做过民国临时大总统孙中山的巡行督办，历经政治烟云，回到古城创办保婴堂药厂，兴办王氏织厂，以振兴民族资本。

不必再细点郎静山、陈白尘、谢冰岩、谢铁骊、李更生等名宿，这篇短文不是名人传，仅是为了佐证东、西大街确实存在的人文辉煌。

由于军阀混战、日寇摧残，饱经沧桑的清江浦在新中国成立初期，仅有三万余人口，成了名副其实的小城。但东、西大街终究是城魂所在，随着社会主义改造建设，与花街贯通的东、西大街两侧，商铺林立，红尘烟火浓烈，许多建筑先后落成，银行、闸口医院、工人照相馆、东大街百货商店、新华书店、工人文化宫、胜利饭店、妇女儿童商店、蔬菜公司、东大医药房、食品公司肉店、钟表眼镜店、城中医院、亦庐照相馆、淮海印刷厂、西大街百货公司、三招、淮阴中学，还有清一色明清小楼、瓦房的竹器店、木器行、剃头店、针灸诊所、老虎灶、裁缝铺、烧饼油条摊，等等，满街流淌着人之河。

（车军）

五谷丰登丰登路

曾在丰登路居住过，搬离后总念着这条街，念着街上满满当当的吃食，还有挤挤挨挨的各式店铺。

如果不是本地人，定不知这条不宽不长的路上竟藏着一个很大的菜场。城市化进程中，我们从对土地的依赖转变为对菜场的依赖，不仅一日三餐来源于菜场，且对四季的感知也依赖于菜场，菜场几乎是城市人的三餐四季。当摊位上摆满根红叶绿的菠菜、清脆碧绿的荠菜、红紫紫的香椿芽，还有肥大的春笋时，便晓春意已浓。盛夏就去买黄瓜、西红柿，忙完一天，躺平吃根黄瓜再吃个西红柿，生活如此平常又富足。秋来有吃不过来的水果，今天吃黄澄澄的大鸭梨，明天吃圆溜溜的葡萄，隔天再吃个柿子，甜丝丝的汁液一直流进心里去。冬日也好，吃永不会吃厌的大白菜烧豆腐，豆腐是筋道纯正的老豆腐，白菜是刚离田头便到餐桌的。菜场连着厨房，连着日常生活，连着热腾腾生活的一颗心。有言曰："告诉我你吃什么样的食物，我就知道你是什么样的人。"食物呈现着人与世界相处的最原生态方式，有滋有味、恒久不变。

慢慢溜达过来再溜达过去，也要小半天时间。这条街有小吃店、粮油店、面条店，还有裁剪店、服装店、杂货店，都是一些知根知底的店铺，最好的市场就是这样吧，买东西如探望老友般温暖自然。

常去这条路买"沭阳大饼"。这家"沭阳大饼"的店主是沭阳人，味道正宗，常有人跑很远来买。记忆会模糊，童年会远去，故乡会变化，沉淀于味蕾上的最初

记忆永未消逝。家乡沭阳以面食为主，成年后一直不喜米食好面食。小时候，一块大饼可以直接吃下去。但很多味道只存于记忆，永不会重现。食物是，人与事亦是。好在这么多年过去了，这条路基本还保留着从前的样子。每走上这条路，便会在心中祈愿，愿这条路永远如此叫人心生温馨。

黄昏时光慢，踱步这条路，还是那些老铺，这些未曾变化的店铺里栖息着深厚的民生气息。路头是一家腌制小菜店铺，这个时候通常将摊位摆在门外。种类可真多啊，看看这个，看看那个，不知买哪一种，那就多择几样，这个时候的买不是为了吃，而为了付摊位参观费似的。往前走是一家售卖各色老派零食的店铺，有条酥、糕点、米团、蚕豆，还有一种蛋酥花生，用花生裹上鸡蛋面糊油炸而成，非常脆口。在我，吃甜食是悦己。对面是一家炒货店，名字很好听，叫"香飘飘"，卖瓜子花生。这家店光是瓜子就做出许多种味道，有原味的、椒盐的、五香的、焦糖的、抹茶的、话梅的、咖啡的，隔很远就可闻阵阵香飘的瓜子花生味。春节前，会去买一些，过年时吃着香喷喷的瓜子花生，春节的安逸闲适感便在浓郁的香味中漫散开来。逛累了，走进一家小小的面馆，点一碗阳春面，雾气氤氲中开吃，温温热热、一层一层地浸润了身体。

许多次还傻傻想着搬回这里居住，下楼就是琳琅满目的瓜果蔬菜，看着这些沾满泥土新鲜气息的食物叫人心安。时间潮水般向后退去，丰登路延伸向前，满足人们对俗世生活的仰赖。回首丰登路，幸福不过是灯火阑珊的温暖和柴米油盐的充实吧。

（荣根妹）

光影声色上海路

走在上海路上，似乎忽略了日月季节，任凭一股江湖气在心中驰骋。

这是一条四五米宽的街，由东往西顺延下去差不多两公里，一街的人影声息河水般哗啦啦流淌，不管不顾、不拘小节。

上海路与人民路交叉这一圈，本地人称之为"小上海"。这里自是无法跟真正的大都市上海相提并论，挺直腰杆一鼓作气，此处不过是一条热气腾腾的市井之街。周边百姓的衣食住行都依附着上海路，这里的市井是入情入理的，是气象万千的，更是拥有胸襟和智慧的，这里可以看见生命的有滋有味。

20世纪90年代，上海路遍布"外贸时装""裤子专营""格子衬衫连锁"等店铺，还有五颜六色的童装店，门面不大，却是琳琅满目。生意如何，看看扎堆的裁缝铺子就知道了，这些都不是真实意义上的裁缝，做的活计多是去裤脚、改腰身、织补破洞等，这里深藏着小城的流行、当家女人过日子的本事，以及众多腿短腰粗等不完美的人世真相。这样的店铺多是夫妻档，男人负责画线等辅助事务，全靠女人一双巧手方才站得住脚。上海路的烟火气，实质是时代风浪里人心飘摇的一个暗影。但这点生活的气息在风里很快就没了影，紧邻的自行车、电动车、摩托车市场，正在声势浩大地挤过来，周末午后，阳光朗朗地照下来，这儿就有了沙场秋点兵的阵势。

在这些亮闪闪的车辆中间有一家推拿店。店里好几个盲人推拿师，开朗、聒噪，其中两三个还喜欢斗嘴，一递一回，像在表演对口相声。我有时去店里坐坐，热衷于听他们调侃，谈不上什么新奇，吸引人的是他们身上透露出的从容自信。

往西走，经过一个小学校的后门和菜场的入口，就是挨挨挤挤的饭店、烧饼店、烤鸭店、粮油店、包子店、散酒坊、饺子铺、杂货铺、理发店、自行车修理店等。这些店铺狭小灰暗，其中一家面馆干脆连名字也没有，早饭光景，每天门口都排着长队，每个人都眼巴巴地站在热气滚滚的汤锅前，旁边是矮而油的桌凳，一个瘦俏的端盘小女端上一海碗结实的面条，这样的画面几乎就是一幅超现实主义的画作。

车水马龙的上海路，千人千面的上海路，光影声色的上海路，藏龙卧虎的上海路……一条路便是一个世界，一个光影重重、市声喧嚷的烟火世界。

（张月明）

人间烟火在城西

北门桥往南是人民路，曾经的火星庙紧邻着草市口，以前这里还有丰济仓和官元坊，都是百年的老街。以上所说，年长的人说出口还是一脸的肃穆。可今天，大多数人已经不知道在什么方位了，其实也不过拆除了二十多年。

当年的老街居住着很多人，成片的平房错杂相邻，却又秩序井然，很有古旧的气息。后几经改造，仍有几处让人回味的地方，比如近在咫尺的滴水巷，清代河道总督的官衙花园——清晏园，还有碧霞宫、荷花池等。这些名字都是清代就显赫一时的街巷，就是现在，滴水巷里还有百年银杏，碧霞宫还有青石板小路，而清晏园里坐落着乾隆皇帝下江南时住过的荷芳书院，还有省内外著名的淮阴中学和本市最好的实验小学。

西大街上的白玫瑰发廊，狭窄的服饰店，老城中医院对面的老清江馄饨、锅贴，仍是当年旧模样。沿环城路往西过电厂不远，以前能看到里运河附近高压线杆下绿油油的水稻田，现在没有了。在市淮剧团对面的几条巷子口，摆放着很多露天小吃摊，早上油条烧饼辣汤茶叶蛋，还有罕见的炕饼。有的摊子只有一张餐桌和三四只小凳子，再多就是一把遮阳伞和一个案板，这便是小摊的全部家当。来这里的食客大都是街坊邻居，或是附近的上班族、学生，边相互打着招呼边自己动手拿筷子夹油条烧饼。虽几米外就是车水马龙的大庆路，一转身就是市保健院门前的繁华，但这里出奇地安静，有一种城中村的味道。

城西充满着百年清江浦的人间烟火味，街头的风情最美在秋冬季。傍晚，寒风四起，人民小学门前路上的行人匆匆来去，食摊上刚出笼的小笼包子腾腾直冒热气，

路两边的店面里有水晶牛肉煎包、水面条、饺子和馄饨，还有并列开门的蔬菜水果店，仄巷里"孙老爹桂花糖藕"依然挂在门旁扶手上。炒货店的花生、葵花子和南瓜子等以糖炒栗子为中心，各种口味俱全地摆成一排。美女小张理发店里天天挤满了染发的中老年人。挨着理发店是闻名遐迩、以五香牛肉为特色的"苏云卤菜店"，橙色罩灯下，各种卤味香气扑鼻，叫人感到"晚来天欲雪"般诗意的温暖。

冬天里最具魔力的地方注定是澡堂。清晏园隔壁那家"翔飞浴室"水深三尺，冷不防一个猛子，能让你回到蝉鸣声里池塘戏水的童年。西大街周边的新小区房替代了以前旧居，百姓的幸福人生并不仅仅是新房，更是踏实的生活和常乐的内心。房子街道都变了，但人没有变。这里的拆迁政策是在原住址解决新房，老街坊们都还在一起，曾经的杂货店、小吃部、裁缝店、钟表店也一样跟着回来，再做着知根知底的熟人生意。

故土难离，一条街一爿店又何尝不是，老街坊寻常生活才直通人心。

（张月明）

前进路

前进路只两车道宽，全长二里地左右，街入口和出口分别连接着淮海南路和承德南路两条主道。前进路上的行人一会儿行，一会儿停，像里运河水流经大闸口一样，汇集、迂回，再汇集、再迂回，奔向更广阔去处。站在楼上看前进路，小街犹如楼群里裂开的缝隙，人车如流，蚂蚁搬家般运转。

前进路两侧大都是老旧平房，其门牌高低起伏，门牌号码没有一户是挨着的，5号边上是18号，6号挨着9号，1号在街中，2号却在街西，20号本来应在街西，结果在街东。地名办也罢，民政办也罢，街道办也罢，不知道当初给前进路排门牌号的角儿，是不识数还是故意开玩笑，来这里的快递小哥总是一次次找不到准确人家。

前进路的住户都是老清江浦城南人，多是蔬菜队的菜农和省、市航运公司的船工。老住户可以上溯到几代之前，新住户可能昨天才搬来，这里高密度聚集着失地农民、小生意摊贩、个体餐饮户。这条不起眼的小街每天人来人往，尤其到了晚上，吃的、用的、穿的都能在这里得到满足，什么老卤猪头肉、扬州老鹅、刘记白斩鸡、黄桥烧饼、武梅包子、烤山芋、油条煎饼、茶叶蛋等，各色小吃比比皆是，地摊上针头线脑、纽扣、围巾、手套等百货用品应有尽有。雨天前进路泥泞积水，冬天前进路寒风凛冽，三伏天前进路连棵树的遮挡都没有，即使这样，一年四季依然热闹非凡。

不管世事如何变迁，前进路似乎还是老样子，还是小门店、小作坊，老子干不动了儿子接班，连店铺字号都不变，代代遵循着传承着。生意做顺手了，翻新下铺面还在原地经营。有一些人走了，他的铺子被接管下来，销售品种继续存在，成了几十年的老店。尽管不断有新人进来，但前进路永远是海棠依旧、涛声依旧，这条路上的店铺自主经营，小富即安，不奢望别处风景。你要和他们讲微商、电商等新的经营模式，他们会说："我这一亩三分地管好了就行了。"如此这样，这条路为什么叫前进路？想来不变并非停滞不前，而是一种持守，我们需要在巨变的时代守住记忆里的这份永恒的生活暖意。

（张月明）

民
俗

"嗯来嗯去"清江浦

"嗯"是清江浦一带的方言，"我"的意思。

"我"与"嗯"都是第一人称表达，区别主要在语境上。前者为庙堂官话，后者属坊间称谓。"我"给人距离感，"嗯"却不会。"嗯"所表现出的话语情境亲切随和，比如"嗯大""嗯妈"，话语间的热度能融化冰雪。

小区电梯里，小李的漂亮手提包引起邻居注意，有问价的，有问在哪儿买的，小李一脸得意："嗯家老公在上海买的……"这个"嗯"就不单是亲近了，还暗示甜蜜。此时要说是"我家老公"，生硬不说，还有说假话的嫌疑。

新婚的闺女三天回门，一进家眼泪扑簌簌掉，娘家人赶紧问咋回事，是姑爷欺负了，还是婆婆给气受了。闺女一句话，让老妈一把揽进怀里——"嗯想嗯妈了！"要是换成"我想我妈了"，那份撒娇味儿顿失七分。

姐姐回家见爸妈都不在，遂问正写作业的弟弟："嗯妈呢？"弟弟说："买菜去了！"这个对话再平常不过。要在其他地方，一定会这样问答："妈呢？""妈买菜去了！"一个"嗯妈"就把女儿在家的排位、任性、所受的宠爱——恣意展现出来。

一方水土一方人，方言只有地域之分，没有贵贱之别。清江浦往北，曾经都属于清江市的王营人说"我"字就不是"嗯"而叫"卯"。再往北的沭阳话"我"变成"俄"了，再再往北就"俺"了。现在倡导说普通话，的确大大方便了文化传播与文明进步。不过作为方言，老清江浦话语里的"嗯"是有趣的，嗯长嗯短，嗯来嗯去，登堂入室，跨越书面，诙谐幽默，妙趣横生。

嗯说的，对不？

（张月明）

清江浦婚俗

清江浦的女人喜欢做媒，"做个媒，吃八嘴"，所以清江浦有"媒八嘴"之谓。这八嘴，不是多么会说的意思，是做一次媒，要被请吃八次之多。这算古风，是对一切为媒者的敬重。人的生息繁衍，是时间定下的秩序，那些天性木讷笨拙的男子，若无媒，如何娶妻做人夫人父。

也有人考证说，不是媒八嘴，而是媒八腿，跑来跑去，要跑上八百遍，也不见得说成一头亲。这敬媒之风，竟使一城男子女子都有一生做上一两次媒积积无量功德之宏愿，竟时时留意起周围小孩们的成长来。若是小女孩，她才长到十七八，就被人订下了，对她说：长大了，我给你找婆家。若是对小男孩，也一样：别急，你的媳妇我包下了。

所以东拼西凑，城南城北，都圈为领地，左右说合，贴茶贴饭贴酒在所不惜，只要能把那两个原本丝毫不相干的人绑到一起。媒作成功，那谢媒的礼一定不可免，过去是八顿酒饭、八只猪蹄膀谢一个媒，现在不大流行吃肉了，那礼也还是有一只猪那么珍重。婚宴之上，除了高堂父母，就是媒人坐在敞亮正席。

两个人自由恋爱，并无媒妁的，发展到结婚那天，也不能空下媒人的座次。无媒不成婚，要找一个人扮媒人，这个媒叫现成媒。有媒妁祝福的婚姻，犹如受有加持，有天地做证，满桌满席的宾客做证都不够，定还要有媒人做证。

婚后吵架闹意见分家，要找人说理，不找父母，不找七邻，单单去找媒人。所以，清江浦的小孩子的父母双亲都不大支持自由恋爱，民政局妇联是不如一个媒人有公正威严的，那自主恋爱的婚礼上所请的现成媒，是不包这一层的。

但如今，一切都在变，雪融般不见了往日模样。

（节选自苏宁《平民之城》）

清江浦庙会

丁酉新岁，清江浦区，辰时人沸如潮，千二百人汇南，咸集于体育馆，皆炫装华服，首饰明珰，擎物举欢，腾步飞挪，欲环城而行，谓之巡游、巡城，亦谓之岁市。巳时足发，缘人民南道，往北过北桥折东向至运河大场，列四而行，逶迤数里，钲鼓响云，彩旗迎风，男女老幼，放歌作舞，道侧观者，皆引颈鹅瞻，相偕而至，与行者相呼，作滑稽态，人皆捧腹。有挥袖舞者，翩然若仙，盈转如风；有高喉独歌者，声铿音铴，跌宕空回；有和歌者众，响彻云霄，扫叶惊风；有插科打诨者，扮相俏皮，男着媪裳，左右蹀躞，挑逗花女，女亦诙谑，扭腰弄眉；有舞龙者，摇首摆尾，形意生风。巡游者快意，观之者乐甚，人来人往，穿梭不息，潮涌席卷，行数里而不知疲，舞百次而莫能止。巡游之趣在于情，观游之趣在于心，巡游闹春为悦民，踏歌颂享大太平。

越日，于慈云寺祈福，僧众云集，峨殿整肃，高烛明堂，香袅弥漫，主持率众，焚香高祷，朝拜四方，祈民以福：苍生渺渺，佛弘照耀，风调五谷，雨顺千苗，世安享平，维天之好，众生无苦，乐生愁消，佛就人愿，国昌大道。僧众齐颂，妙音回廊，音韵不息，昭示天佑万物苍生，国祥瑞彩，民安丰裕。

　　祈福毕，庶民移步至文庙，开市呈辉，官民同乐，彩台高磊，悬灯被红，黎庶四围，肘接息闻，聚沸聒聒。台上优伶娇莺，三仙进洞，戏法玄幻，上山夺魄，下海探宝，人影绰绰，旋来转去，诙语谐声，俾人大噱。歌者亢昂，舞者妙曼，小丑荤俗，挤眉弄眼。观者口张不合，形如排浪。更有擅口技者，莺声鸟语，犬吠鸡啼，爆竹噼噼，人喧马嘶，惟妙惟肖。

　　其侧有非遗民俗，剪纸巧神兽，糖彩万种形。线编千针手，面画近人情。童稚相扶，人人啧啧。又有采耳、安足、修面、量血压、测字。又有烤串、臭豆腐、米线、狗不理、豆腐脑，少年游女，流连其间，红唇凝香，粉腮着色。

　　庙市三四日，年关无乡愁。行远浮云意，登高望浦楼。丁酉庙会，甚感之，故为之文。

（沙立卫）

清江浦掼蛋

　　"掼蛋"是一种扑克牌游戏，20世纪中期出现在淮安县（今淮安区）、清江市（今清江浦区）一带。这一扑克牌游戏的规则在民间不断变化改进，21世纪开始在淮安市流行，并向邻近地区发散。目前，"掼蛋"游戏已流行于江苏、安徽，并向上海、浙江、河南、山东、北京等地陆续延展，逐渐风靡全国。

　　在清江浦城区，"掼蛋"扑克牌游戏盛行于饭店、茶馆、咖啡厅、棋牌室等各种餐饮休闲活动场所。尤其在饭店，流行"饭前不掼蛋，等于没吃饭"的顺口溜，形成开席前必须"掼蛋"的惯例，足见其魅力所在。与此同时，清江浦民间与官方多次组织举办"掼蛋"比赛，并逐渐发展为正式的智力运动比赛项目。可以说，"掼蛋"的遍地开花是在清江浦，"掼蛋"的迅猛发展也是在清江浦，清江浦是名副其实的"掼蛋之乡"。

文采清江浦

七

文化之城清江浦自古文采斐然，一些诗词歌赋穿越时间长河抵达此岸，浅吟轻诵一页页诗文，往昔盛景繁华随文字飘然而至。古往今来，清江浦诵声不绝，有诗词歌赋，有楹联佳句，还有生花妙笔下的美文。仅以清江浦为题名的诗文就不胜枚举，从明代蔡昂的《淮阴曲》中可以看到清江浦当年的繁荣："淮浦高楼高入天，楼前贾客常纷然。歌钟饮博十户九，吴歈不羡江南船。"从方尚祖的诗《清江浦》中知道清江浦"最是襟喉南北处"，而吴伟业在《清江闸》一诗中告诉今人，当年清江浦的大闸口"岸束穿流怒，帆迟几日程。石高三板浸，鼓急万夫争"。连康熙帝也这样称赞清江浦："红灯十里帆樯满，风送前舟奏乐声。"

诗赋

题寄寄亭

〔明〕李东阳

寄寄亭中寄此身，此身真作寄中人。

离心落雁同千里，倦眼开花又一春。

楚地山川南北会，汉槎风月往来频。

他年石上看名姓①，都是东曹②奉使臣。

李东阳（1447—1516），茶陵（今湖南株州茶陵县）人，字宾之，号西涯。天顺甲申（1464）进士，官至吏部尚书、华盖殿大学士。茶陵诗派的重要作家，有《怀麓堂集》。

寄寄亭在清江浦户部分司署内。据明毛泰《户部分司题名碑记》，明成化十五年（1479），户部员外郎邵文敬任职淮仓，"暇于分司西隙地结小亭，以'寄寄'名之"。清康熙十六年（1677）靳辅任河道总督，将户部分司署改为总河行馆，后成为河道总督署。寄寄亭实为清晏园之前身。

①指历任户部分司刻在题名石上的姓名。

②东曹：曹，古代分科办事的官署。户部在东厢，故云东曹。

淮阴曲

〔明〕蔡昂

淮浦高楼高入天，楼前贾客常纷然。

歌钟饮博①十户九，吴歈②不羡江南船。

迩来寂寞居人少，韩侯城③下生春草。

力尽难供长官求，大室将焚无宿鸟。

老人向我分明语，地有官仓谁适主？

积粟翻为腐鼠谋，当途又见横豺虎。

虎哉虎哉尔勿狂，地官分义明秋霜。

镇压会须虎戢翼，尔民从此安耕桑。

蔡昂（1480—1540），字衡仲，号鹤江，淮安府山阳县（今江苏淮安）人，正德甲戌（1514）探花，历官翰林院编修、翰林学士兼詹事府，卒赠礼部尚书。

淮阴曲指位于淮河山阳湾之阴的漕运重镇清江浦，这里有全国最大的清江漕船厂和淮安常盈仓。常盈仓由户部主事管理，然而积久弊生，管仓的役卒牙吏横行不法，实胜仓鼠。此诗即是对这些官府仓鼠的鞭挞。

①歌钟，即编钟，在诗中亦指乐歌声，暗指妓院；饮博，这里指开酒店和赌场。

②吴歈：指吴地的歌乐。

③韩侯城：即韩信城，在清江浦。

清江浦

〔明〕方尚祖

高台纵目思悠悠，排注当年胜迹留。

树绕淮阴堤①外路，风连清浦驿前舟。

晴烟暖簇人家集，刍挽均输上国筹。

最是襟喉南北处②，关梁日夜驶洪流。

方尚祖，生卒年不详，莆田人。明天启二年（1622）任东河船政同知，驻清江浦。

①淮阴堤：清江浦北侧的黄淮堤防。

②此指清江浦为南船北马、辕楫交替之地。

隰西草堂

〔明〕万寿祺

老病移淮市,担簦称逸民。乾坤悲晚岁,山水忆前身。

芳草舟车路,桃花秦汉人。冥冥谢弋者,雁羽任沉沦。

万寿祺(1603—1652),字年少,徐州人。崇祯三年(1630)举人。明亡后,奔走抗清失败,避居清江浦。与阎尔梅并称"徐州二遗民"。有《隰西草堂集》。

万寿祺抗清失败后,避居清江浦,筑茅舍以居,自名其居为"隰西草堂"。这首诗就是在隰西草堂所作,诗中充满亡国之恨。

清江闸

〔清〕吴伟业

岸束穿流怒,帆迟几日程。石高三板浸,鼓急万夫争[①]。

善事监河吏[②],愁逢横海兵[③]。我非名利客,岁晚肃宵征。

吴伟业(1609—1672),清初诗人。太仓州(今属江苏)人,字骏公,号梅村。明崇祯进士,官左庶子。弘光朝任少詹事,入清后官至祭酒。明亡后诗多激楚苍凉之音。也工词曲书画,有《梅村家藏稿》等。

清江闸在今清江浦区里运河上,始建于明永乐十三年(1415),为京杭运河沿线现存唯一完好的古闸。

①此句是说过闸时要用很多民夫拉纤,以鼓点合其力。

②此句是说过闸需经管闸的闸官批准,如不小心侍候,则过闸甚难。

③此句是说最令人发愁的是遇到骄横的押运漕粮的官兵。

清江浦

〔明〕顾炎武

此地接邳徐，平江故迹①余。开天成祖代，转漕北京初②。

闸下三春尽，湖存数尺潴③。舳舻通国命④，仓廪峙军储⑤。

陵谷天行变，山川物态疏⑥。黄流侵内地，清口失新渠⑦。

米麦江淮贵，金钱帑藏虚。苍生稀土著，赤地少耰锄⑧。

庙食思封券⑨，河防重玺书。路旁看父老，指点问舟车。

顾炎武（1613—1682），初名绛，字忠清，自署蒋山佣，江苏昆山人。明亡后改名炎武，字宁人，号亭林。明诸生，参加抗清活动，入清不仕。著有《天下郡国利病书》《日知录》《肇域志》等。

明永乐年间，平江伯陈瑄任漕运总兵官，开沙河故道为清江浦运河，在清江浦河上建清江等四闸，又于清江闸附近建淮安常盈仓，设户部分司管理，建清江漕船厂，设户部分司管理。清江浦遂成为黄、淮、运河交汇处的重镇，迅速崛起。

①故迹：明陈瑄曾被封平江伯，故迹指其在清江的祠庙及创建的闸坝、船厂、仓库等。

②"开天成祖代"两句：指明成祖朱棣通过"靖难之变"，取代建文帝做了皇帝，并决定实行"两都制"，以北京为主，命陈瑄为漕运总兵官，督运漕粮，供应北京，遂开清江浦连接，并在大运河上修了清江、福兴、新庄等闸坝，使漕运通畅无阻。

③"闸下三春尽"两句：清江浦之节制闸，每年粮船于春天北上，夏初闭闸，以防黄水倒灌里河。秋汛后于九月开闸，放行回空漕船。闸内所潴之水，皆由高邮、宝应诸湖南来。

④国命：国家的命脉，指漕运。

⑤峙军储：陈瑄于清江浦置常盈仓，以备转兑，时漕粮由军丁承运，部分亦供军食。

⑥"陵谷天行变"两句：意谓随着天地的运转、时间的推移，这里发生了巨大变化。

⑦"黄流侵内地"两句：由于黄河水的倒灌，清口附近新开的漕渠淤塞了。

⑧以上四句诗是说，由于黄河为害频繁，米麦价格昂贵，朝廷为了治河，使得国库空虚。频繁的灾害导致人口的大量流徙，江淮之间很少有土著居民。

⑨"庙食思封券"句：庙食，旧谓人死后立庙受人奉祀。仁宗即位后，览陈瑄上疏陈七事，帝曰"瑄言皆当"，令所司速行。并降旨奖谕，寻封券，世袭平江伯。

平江伯祠

〔明〕丁大来

元勋崇庙祀，历世叹公长。

功业存疏凿，香烟重典章。

水流新日月，人拜旧冠裳。

明德依然是，丹青半夕阳。

丁大来，亦作丁大耒，字载夫，号龙骧，山阳（今淮安）人。安庆推官。有《龙骧遗诗》行世。

晚经淮阴

〔清〕爱新觉罗·玄烨

淮水笼烟夜色横，栖鸦不定树头鸣。

红灯十里帆樯满，风送前舟奏乐声。

爱新觉罗·玄烨（1654—1722），即清康熙帝，平生曾六次南巡，特别是第一次南巡，主要是为漕运、河务二要政而来，淮安是其主要目的地之一。

康熙皇帝先后六次来到清河县察看水情，敲定治水大计。用精兵强将，倾全国之力，筑堤建坝、开河造闸，治绩非常明显。"红灯十里帆樯满，风送前舟奏乐声"写出了一时治住水患，龙舟晚经淮阴时歌舞升平的盛世景象。

清河慈云寺

〔清〕曹煐年

一曲清流漾落晖，湿云浓护讲经扉。

闲花堕地僧慵扫，惹得游人香满衣。

曹煐年，生卒年不详，号霁岑，龙树子，星子县（今江西庐山）人。入太学，三试举人而不售，遂循例捐两淮盐运使，历仕权东台场篆，署江苏元和、宝山、震泽县事。深得当时江苏巡抚林则徐器重。有《霁岑诗集》。

留别荷芳书院四首

〔清〕袁枚

尚书官舍即平泉，手辟清江十亩烟。

池水绿添春雨后，门生①来在百花前。

吟诗白傅②贪风月，问字侯芭③感岁年。

三日勾留千度醉，争教赋别不潸然。

骊歌一曲柳千行，荷叶离离尚未芳。

四面莺声啼暮雨，半竿帆影过低墙。

篱笆门小花能护，歌舞台高水自凉。

看取君恩最深处，碑亭④无数卧斜阳。

拓开粉壁换窗棂，收得春光入户庭。

古树独当人面立，远山遥隔竹帘青。

箭抽金仆⑤穿杨试，曲按银筝带水听。

莫道夜深风转紧，要吹斜月上孤亭。

诸郎个个似琼枝，握手风前有所思。

折柳自浇临去酒，攀花难问再来期。

鸟缘恋树啼偏苦，云是还山见更迟。

记取高阳池馆地，江烟江雨一题诗。

　　袁枚（1716—1798），字子才，号简斋、随园，浙江钱塘（今浙江杭州）人。乾隆四年（1739）进士，授翰林院庶吉士。出知溧水、江宁、沭阳。年四十即辞官，筑随园于江宁小仓山。以诗文名于时，有《小仓山房集》《随园诗话》等。

　　荷芳书院在今清江浦清晏园内。该园乾隆十五年（1750）由河督高斌所建，是江南河道总督署花园中的主要景点。现为省级文物保护单位。

　　①门生：指袁枚自己，因河道总督尹继善是其座师。

　　②白傅：唐白居易官太子少傅，故云白傅。

　　③问字：汉扬雄识古文奇字，刘棻曾向扬雄学奇字。后来称受学或请教为问字。侯芭：汉巨鹿人，扬雄弟子。

　　④碑亭：荷芳书院附近有很多御碑，大多是康熙、乾隆两位皇帝勘勉河督的诗文。

　　⑤金仆：金仆姑，箭名。荷芳书院东有较射台。

清江浦

〔清〕爱新觉罗·弘历

清江流是导淮清，禹迹而今久变更。

棨戟建牙①期底绩，衡闾比栉愿咸亨。

漕艘北上斯千庾②，水驿南来第一程。

路转川回宜望远，树头瞥见片帆轻。

爱新觉罗·弘历（1711—1799），即清乾隆皇帝，曾六次南巡，均到淮安，对黄淮运治理尤为重视。

此诗系在河道总督署所在地清江浦所作。

①棨戟建牙：指河道总督署设于清江浦。

②千庾：指设于清江浦的漕粮中转仓淮安常盈仓。

阅老坝合龙处①

〔清〕爱新觉罗·弘历

甲午②秋涨盛，老坝黄河决。

滔天势莫遏，万姓遭杌陧③。

赈救不遗力，督催速堵缺。

廿里奏功成，明神佑诚别。

兹来视堤工，出水高凸凸。

瓣香致敬宜，安澜吁以切。

老幼纷随舆，温饱多欢悦。

元气似已复，闾阎亦填列。

而我一回思，往事不忍说。

乾隆三十九年（1774）黄河决清江浦老坝，洪水冲决里运河堤防，淮安城以塞城门得免，里下河地区一片泽国。后在著名水利专家郭大昌主持下，将决口堵塞。

①此诗系乾隆四十五年（1780）仲春月中浣，淮安北老坝合龙时所作。

②甲午：乾隆三十九年（1774）黄河决于淮安老坝。

③杌陧：不安貌。

河 溢

〔清〕凌廷堪

甲午八月十九日，铁牛[①]岸崩河水溢。黄流浩汗訇如雷，淮壖[②]尽作蛟龙室。

黑风吹水相斗争，涛声撼天天为惊。可怜黔首走无路，咄嗟人命鸿毛轻。

传说濒淮百余里，居民皆逐洪波徙。号呼望救声入云，富强登舟贫弱死。

死者骨肉为尘泥，生者俱上长淮堤。淮堤无米不得食，惟见日暮风凄凄。

垂头枵腹但枯坐，编苇栖身忍寒饿。湿薪热釜冷不烟，妇子无声泪交堕。

作诗寄语淮之民，九重恫瘝同一身。指日恩纶下天府，河堤使者加拊循。

补偏救弊圣王政，坐令蔀屋[③]生阳春。洪范五行多附会，愿随击壤颂皇仁。

凌廷堪（1755—1809），字次仲，安徽歙县人。乾隆癸丑（1793）进士，官宁国府学教授。有《校礼堂文集》。

这首诗描写了乾隆三十九年（1774）黄河在清江浦老坝决口的骇人场面和凄惨景象。

①铁牛：镇水铁犀，时黄河老坝险工即有镇水铁犀。

②淮壖：淮河沿线地区。

③蔀屋：没有光明的屋子。

王子乔丹井

〔清〕李宗昉

丹成何处觅仙才，俯览人寰首重回。

尘世空争鸡鹜食，灵泉①惟傍凤凰台。

犹传锦水成三色②，好共云浆酌一杯。

日暮桔槔声四起，机心多愧药炉灰③。

李宗昉（1779—1846），字静远，号芝龄，山阳（今淮安）人。嘉庆壬戌（1802）榜眼，官至礼部尚书。有《闻妙香室诗文集》。

王子乔丹井在清江浦东、古淮河南岸之钵池山，相传王子乔在这里炼丹得道，携鸡犬升天。

①灵泉：指钵池山丹井。

②锦水成三色：旧传丹井未涸时日变三色。

③此二句言用桔槔者犹有机心，不若药炉灰之百念不生。

河上杂诗

〔清〕梁章钜

我初习外吏①，一麾来水乡。

专城江汉间，长年事堤障。

量移到东土，乃复专修防。

河流本浩浩，淮海弥汤汤。

袁江②如釜底，高堰如岩墙③。

既须黄济运，又须淮敌黄。

或资擎托势，旋虞倒灌强。

理河兼理漕，所系非寻常。

捍患复因利，何由两无妨。

况我以政学，临事增惭惶。

形势且茫昧，机宜焉能详？

披籍未贯通，按图亦彷徨。

终应避贤路，庶免操刀伤。

姑就所闻见，纪此三宿桑。

梁章钜（1775—1849），字闳中，一字茞林，福建长乐（今福建福州长乐区）人。嘉庆壬戌（1802）进士，翰林院编修，官至江苏巡抚。有《藤花吟馆诗钞》。

①外吏：地方官吏。

②袁江：即清江浦。三国时袁术（字公路）路出斯浦，故称袁江，又称袁浦、公路浦。

③岩墙：高而危的墙。《孟子·尽心上》："是故知命者，不立于岩墙之下。"

袁 浦

〔清〕姚承丰

畚锸经营①苦，帆樯日夜过。

水争廛市绕②，官比士民多③。

南北舟车界，淮黄里外河④。

年年资巨帑，保障竟如何？

姚承丰，生平候考。袁浦，即清江浦。

①奋锸经营：清江浦是河道总督驻节之地，扒河治水，故云。

②水争廛市绕：清江浦为黄淮运河交汇处，且市内外有月河、玉带河、永济河等缠绕。

③官比士民多：清江浦官署林立，职官多如牛毛。

④以上两句是说，清江浦为南船北马、舟车交替之地。有淮河（里河）、黄河（外河）交汇于此，实为咽喉要冲。

袁浦留帆

〔清〕麟庆

十载袁江①久宦游，惭无政术奠黄流。

北行实对斯民愧，南顾难纾圣主忧。

红树春风人卧辙②，绿波新涨我归舟。

画图诗卷频投赠，无限深情那得酬！

麟庆（1791—1846），字见亭，吉林长白人。嘉庆年间进士，授中书，官河道总督。有《鸿雪因缘图说》等多种著作。

道光癸卯（1843）三月十一日，作者去职离开清江浦，过清江大闸，出十里长街，市民列队欢送，书院师生设席相饯，馈"袁浦留帆"诗文一卷、二百五十幅图。当地官绅赠诗一百八十四首，画三十八帧为六册。麟庆为答谢作此诗。

①十载袁江：袁江即清江浦，为南河总督署所在地。麟庆于道光十三年至二十二年（1833—1842）任南河总督，历时十年，故云。

②卧辙：后汉侯霸为淮阳太守，征入都，百姓号哭遮使车，卧于辙中，乞留霸一年。后常用为挽留去职官吏的典故。亦称"攀辕卧辙"。

己亥杂诗（其八十三）

〔清〕龚自珍

只筹一缆十夫多，细算千艘渡此河。

我亦曾糜太仓粟，夜闻邪许泪滂沱。

龚自珍（1792—1841），清末思想家、文学家，号定盦，浙江仁和（今浙江杭州）人。道光进士，官礼部主事，学务博览，倡"通经致用"，所作诗文，极力提倡"更法""改图"。《己亥杂诗》等为其代表作，有《龚自珍全集》等。

此诗是龚自珍在清江浦因所见所闻所感而作，自注"五月十二日抵淮浦作"。

斗姥宫

〔清〕鲁一同

灵宫俯丹壑，初景喜微阳。

所居界人天，接引多芬芳。

幡幢静不飞，几案浮幽光。

延客敞云轩，洞窦镂明珰。

始知东帝雄，百态皆包藏。

弟子十余龄，纤步罗琼浆。

生天良已难，作使可怜伤。

山石日巍巍，山松自苍苍。

安得青鸾翼，送汝白云翔。

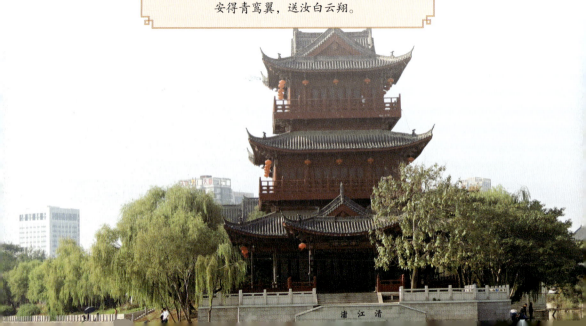

鲁一同（1804—1863），晚清诗人、古文家。世居安东，山阳籍，字通甫，一字兰岑。道光十五年（1835）举人。有《通甫类稿》《通甫诗存》等。

吟清江

〔清〕范冕

袁浦名邦记胜游，依稀风景似扬州。

洋桥①东接西流水，越闸②南通北草楼。

斗姥宫前都府巷，奎星阁③下状元沟。

无边风景芦花荡，九省通衢石码头④。

范冕（1841—1923），清河县人，居清江浦，字丹林。同治十二年（1873）拔贡，候选直隶州通判。精制艺、制谜，工诗文，《民国续纂清河县志》总纂，崇实书院山长。

①洋桥：松公桥，在吴公祠东。光绪二十四年（1898）漕督松椿建，以机轴启开，俗称洋桥。

②越闸：光绪十七年（1891）以清江闸正闸石缝蹿水，堵闭启用越闸。宣统元年（1909）修理完好，仍闭越闸启用正闸。

③奎星阁：道光七年（1827）建，在清江浦楼北岸。

④石码头：往来南北的官员、商人、旅客从水路经此，或舍舟登陆，或舍马乘舟。石码头被称为"九省通衢"。

楹联

里运河清江浦段沿线景点楹联众多，这些妙美的楹联与书法家们精湛的笔墨结合，相得益彰，再融入里运河旖旎的风光，有力彰显淮安历史文化名城特色。

周恩来童年读书旧址楹联

明月照清兴　好风来故人

此联相传为周恩来外祖父万青选所书。清兴：清雅的兴致。下联大意为好风吹来老友。

清晏园楹联

（1）江南河道总督部院

> 二龙争泗口河要漕枢牵国命
> 一堰锁支祁安民理水系方针

二龙：此指黄河、淮河。泗口：即清口，古地名，源自泗水（又称清水）入淮之口。此指小清口，遗址在今淮阴区马头镇旧县村一带。因泗水分两支入淮，另有大清口，遗址在今淮阴区古清口街道桂塘村附近，但因淤塞其名渐被淡忘，明嘉靖以后"小清口"被称"清口"。堰：此指筑于洪泽湖东、北面的高家堰。支祁：水神名。

> 治水如治民在疏束相宜也
> 悬河若悬镜于清浊洞悉乎

> 河清浪静利在农家贾客
> 漕转商通关乎国计民生

贾（gǔ）：商人。

> 束水攻沙疏堵两难双刃剑
> 蓄清刷黄聚凝众志一堤雄

蓄清刷黄：黄河之水携带泥沙灌入运河，久之必然淤塞河道，危及漕运。明末开始，朝廷河道及地方官员主张大筑高家堰以抬高洪泽湖水位，并利用其强劲的清水冲刷黄河河道，以防泥沙进入运河。这在当时起过一定作用。堤：指高家堰，俗称洪泽湖大堤。

> 俭以养廉俯仰无惭天地
> 勤能补拙抑扬自有春秋

> 治重黄淮运　　事关天地人

（2）唱晚亭

> 悠悠翼唱清秋月　　涟涟波光夕照时

翼：翅膀，引为飞扬。翼唱：飞扬的歌声。

（3）叶园

园内竹影涵新意　　堂前松风有古姿

（4）却顾亭

山含翠碧堪回眸　　水泛涟漪可濯缨

却顾：回头看。山：这里指亭下假山。濯缨：洗涤帽子上的带子。《沧浪歌》有"沧浪之水清兮，可以濯我缨"之语，"可濯缨"暗含假山之下流水清净之意。

（5）湛亭

云影涵虚如生天上　　泉流激响行自地中

涵虚：天光云影倒映水中。

（6）远香堂

淮润千年古邑育多少中华俊杰
香盈万里平川赞不尽清河风采

远香堂（原为"淮香堂"）与荷芳书院隔湛湖相对，"香""芳"源自湖中之荷。远香，取宋周敦颐《爱莲说》中"香远益清"之意。淮：指淮河。

（7）荷芳书院

名园别有天地　　老树不知岁时
蕑风漾墨香如许　　御笔题碑贵若何

御笔题碑：指立于荷芳书院东侧御碑亭中康熙帝所题"澹泊宁静"碑。

（8）御碑亭

康乾旧制碑石依依随夕照
曲廊新构摩挲款款看留题

依依：依恋不舍的样子。摩挲：模糊，指夕照之下"留题"不甚清晰。款款：

慢慢地。

（9）蕉吟馆

> 建馆丘前引来游人小憩
> 植蕉阶下赚得雅士低吟

（10）甲袁堂

> 清游胜地花木泉石甲袁浦
> 尚书官舍河总漕督建公衙

甲：居第一位。袁浦：因汉末袁术曾驻兵淮阴（清江浦之地时属淮阴），清江浦一名袁浦。尚书：有的河总、漕督兼尚书官衔。

北门桥楹联

（1）西南会漕亭

> 水邑怀云帆　　河汉扼天枢

云帆：高大的船帆，这里代指漕船。怀：怀抱。"水邑怀云帆"意指漕船汇聚水上城市。河汉：银河。扼：扼守，据守。天枢：北斗七星之一，距北极星最近，比喻重要的地方。下联暗喻"水邑"在漕运水道中的重要地位。

> 天庾桥易明清迹　　古浦波兴昭代风

天庾：国家的仓廪。这里指清同治九年（1870）所建的丰济仓，遗址在今淮安市实验小学西南，距会漕亭只有几十米。易：变换。天庾西侧，清江浦河（1415年开通，今里运河）之上，清康熙初始有浮桥，之前是否有渡口未见考证，但所有明清之迹已被今天的新貌取代。浦：这里指清江浦河。昭代：政治清明的时代，常用以称颂本朝。

（2）西北怀恩亭

> 千秋绍圣迹　　万里探梅舟

绍：继承。圣：指万众敬仰的伟人周恩来。迹：引为精神。句指周恩来精神将永远流传。探梅舟：周恩来童年读书旧址在里运河北岸、北门桥向西不远处，内有周恩来手植梅，引得怀恩之人不远万里乘舟探访。

袁浦书声远　　河街胜迹长

河街：清河县城土圩之内、清江浦北岸曾有东西长街，称河北大街。

（3）东南拱宸亭

四维张五德　　一阙映群星

宸：北极星之所在，后借指帝王所居，代指帝王。因"拱宸"喻拱卫君王，不少城邑取之为北门名称。北门桥在当年清江浦城拱宸门之外，故以"拱宸"为桥上亭名。四维：礼、义、廉、耻，国之四维。张：伸张，推行。五德：仁、义、礼、智、信五种道德准则。阙：指拱宸门。句含北斗高悬、群星辉映之意。

圯上樯悬吴楚月　　南驰轮卷燕云尘

樯：船之桅杆。吴楚、燕：分别代指南方、北方。南来之船只、北来之车马会集于此，足见清江浦之独特地位。

（4）东北瞻斗亭

观星朝北勺　　击楫济中流

北勺：北斗星。击楫：敲击船桨。晋人祖逖带兵北伐时，渡江至中流，曾击楫立誓。后以"击楫"或"击楫中流"形容志节慷慨。

潮音传玉宇　　鹢首叩天河

玉宇：天空。鹢（yì）：古书中说的一种水鸟，古代画之于船头。故鹢首代指船头，泛指船。

文庙大成殿楹联

齐家治国平天下信斯言也布在方策
率性修道致中和得其门者譬之宫墙

此联系清高宗弘历为北京孔庙大成殿撰题，后其他大成殿多有使用。布：这里指记载。方策：典籍。率性：循其本性。修道：行道，指实践某种原则或思想。中和：中庸之道的主要内容。儒家认为，致中和则天地万物各得其所，达于和谐境界。譬：打比方。宫墙：出自《论语》，子贡言"夫子之墙数仞，不得其门而入，不见宗庙之美"；此指住宅的围墙。下联意为，要达到中和，就如同进入京师之宫墙，必须得其门即率性修道。

陈潘二公祠楹联

令黄淮驯服水灾消弭二位尊严祠庙宇
教漕运贯通货物畅流十分功德纪春秋

陈潘：明漕运总兵官陈瑄、总理河道潘季驯。消弭：消除。尊严：尊贵庄严。

治水建奇功禹王也让三分色
挥毫书妙论俊杰长描万里春

妙论：潘季驯所著《两河经略》《河防一览》等阐述了治河方略和经验，对后世治河有较大影响。

> 治运卅年漕通货畅万里膏田蒙惠泽
> 督河四度业就书成千秋澍雨锡康年

膏田：肥沃的田地。四度：潘季驯先后四次受命总理河道。澍（shù）雨：应时之雨，比喻恩泽。锡：通"赐"。康年：丰年。

> 治水别无奇还如壅塞宜疏导
> 居官犹不愧但共河清任品评

如：应当。壅塞：堵塞。

> 修渠闸建厂仓堪称漕运典章开创者
> 束堰堤攻沙垫不愧河防理论奠基人

建厂仓：陈瑄督漕后曾在山阳（今淮安区）、清河（今清江浦区）两县之间设漕船厂，在清江浦南岸建常盈仓。沙垫：这里指黄河水下的泥沙。

> 禹功丕显名人馆　　德业长留天地间

禹功：指陈、潘可同大禹相比的治水之功。丕：大。

吴勤惠公祠楹联

> 永祀清淮陈俎豆　　曾为砥柱立风波

吴勤惠公：吴棠，谥勤惠，曾为清河知县、漕运总督。

陈：陈列，摆放。俎（zǔ）豆：古代祭祀时用来盛放祭品的两种礼器。陈俎豆：指祭祀。

> 声振江淮德业常留天地
> 誉连巴蜀令名久铸口碑

誉连巴蜀：吴棠曾任四川总督。

乱世展雄才奇功岂在三台后
英名慰漕督祠庙长青二水前

三台：朝廷三公别称。二水：淮河、黄河。

通漕安境朝廷倚重官声好
修武尚文史乘推崇祠庙新

倚重：信赖器重。乘（shèng）：春秋时晋国史书的名称。后用"史乘"泛指史籍。

渡江曾奋中流志　　报国真夸寸草心

天子知名青史留名扬淮海
地方铭德黎元载德惠东南

黎元：民众。载德：记载其德政。

是非在眼半生宦迹传佳话
冷暖由时一座公祠续大名

一代封疆大吏名闻四海
四朝廉政清官福造一方

四朝：吴棠为官二十七年，历经道光、咸丰、同治、光绪四朝。

允武允文屡把忠勤扶社稷
惟廉惟慎长留慈惠驻淮安

允：文言语首助词。允武允文：形容既能武又能文。

栗大王庙楹联

东启明西长庚北斗南箕同沐爱
夏施雨冬飞雪春风秋月竞呈祥

栗大王：清代河南山东河道总督栗毓美，治河有功，在任染疾离世后道光帝赐祭文，民间称其为栗大王，建庙祭祀。

启明、长庚：金星于日出前出现在东方称"启明"，傍晚出现在西方则称"长

庚"。斗：星宿名，形状像酒斗。箕：星宿名，形状像簸箕。此借东西北南四星指人间四方。

毕生奋斗为民澜　　常留风范两仪间

澜：安澜，太平。两仪：指天地。

天汉七灯心路七灯七曜神明昭日月
江淮千里帆樯千里千秋忠信涉波涛

七曜：北斗七星。

清江浦楼楹联

（1）清江浦楼外

拔地临河好观白帆碧水
凭栏纵目喜揽皓月清风

炀帝于今何在只留得万里漕河通南北阅春秋济世利民已共长城书伟大
淮安自古肇兴且躬逢千年善治构和谐求发展建功立业正随祖国续辉煌

肇兴：初起，始兴。

登楼红日近　　放眼白帆遥

九省拓通衢千帆影动清江浦
一楼居险要万里云开明月天

（2）清江浦楼内

一河开大运　　四海仰名都

枢纽贯京杭一水流金锦绣春铺漕运路
舳舻追日月九天映彩繁华景胜上河图

一水襟两淮里外运河开画卷
千帆连四海古今气象醉诗心

襟：这里引为连接。外：为区别于古已有之的里运河，淮安人习惯称20世纪50年代末开凿的自淮阴水利枢纽经时淮阴市城南至淮安水利枢纽的新运河为"大运河"。这里的"外运河"指"大运河"。

万里卧长龙忆往日沧桑犹怜风物
千秋传胜地看当时月色又照繁华

长龙：这里指运河（万里为夸张之词）。

美
文

清江浦

在运河之都的中心之中心，有一块不得不走、不得不看、不得不提的土地：清江浦。

清江浦，一个历史地名。那是一段记忆，那是一段往事。

但是，用"记忆"二字来命名一座博物馆的，我却未曾见过。

记忆，让我们闻到亲切而又熟悉的味道，激起我们对于过往时光的追寻和探索。

这是文学的味道，这是在深厚的文化底色上、在新的时代，绽放出来的奇葩。

1415年，京杭大运河开凿出了一条不平常的河道，这就是清江浦，一个南北方漕运的重要枢纽。

曾经有人说，因为清江浦是最靠近黄河和运河交汇处的城市，它的畅通或淤塞，甚至可以决定大运河乃至整个国家的生与死。

虽然那是从前的事情，但是今天听起来，仍然能让人身临其境地感受到其中巨大的力量和命运的安危。

那就让我们看一看这条河流、这块土地曾经的样貌吧。

清江浦记忆馆，这里完整、完美地呈现了当年河道中心、漕运转输中心、漕船制造中心、淮北食盐集散中心的风貌。这是运河沿线的一颗璀璨明珠，它既有着深厚的文化底蕴，又展开着浓浓的民间生活的烟火气。

我们走过几百年前的清江浦老字号，常懒得拍照的我，也忽然激动起来，拍下了这里的每一间店铺。东汤车骡场、兴隆粮行、大有粮行、茂盛盐栈、洪门寺豆腐店、戴燮春银楼、恒源泉酱园店、仁德生、庆生钱庄、震丰绸缎庄、电报局、景家花庄、山西会馆……

然后，再去赶一赶清江浦的庙会，然后，再走一走清江浦的古巷老街，走进清江浦的民宅看一看。你忽然发现，六百年过去，一切仍然在我们心上，这许许多多老字号里渗透出来的气息，这一间连一间的民居以及其中的日常生活，就是家的气息，就是家的味道。

我们回家了。无论你的家在哪里，你都能从这里找到回家的感觉。

这一切，都是在这个名为"记忆"的博物馆中发生的。一个他乡的博物馆，让远乡人寄托了自己的乡愁。

因为它是"记忆"。

（范小青）

我和外婆的清江浦

这次到淮安，颇有点不同寻常，因为我们是奔着清江浦而来的。这个区名源自明朝永乐年间开凿的清江浦河，从那时起，这里逐渐成为运河上的交通枢纽，南来北往，官商云集，"南船北马，九省通衢"，一时繁盛之极。六百年间，这里的地名数度更改，辖区归属地多次变更，历史总是这样，沧海桑田，却始终会有一根线牵着。

天下着雨，雨水把街道冲洗得清清爽爽，树也更绿了，空气里氤氲着水气。第一站，我们去了清晏园，这座园子我已经来过两次，但今天颇不同。在这个雨天，撑着伞，走在清晏园弯曲的小路上，很是诗意的。走走，看看，突然间，我想起我的外婆来，对啊，外婆就是清江浦人啊。童年的记忆逐渐清晰起来，我想起了她清

秀的面庞，她每天梳得一丝不苟的盘髻，想起了她合体的穿着，斜襟盘扣之间露出的手帕一角，甚至想起了她的表情，娴静沉郁，心事重重。从清江浦走出去的外婆，如今我来到了她的故乡，来到她当年生活过的地方，我顿时有了一种想去寻找一下的冲动，至少可以在这里想象一下她的曾经，也帮她在故乡的土地上再走一走。

外婆是 17 岁嫁给我外公的，也就是说，她在清江浦只生活了 17 年。外婆在世的时候，我和她在一起的时间并不长。外公去世后，她要么在南通与二舅同住，要么在上海与三舅同住，几乎很少到南京我们家来。后来，我随父母下放到如东，如东离南通近了些，母亲便常带我去外婆家了。我记得外婆家的地址是和平桥下的西北河梢 48 号，河边有用卵石铺成的坡地和石码头。小时候的我并不知道外婆是哪里人，只是觉得她说的不是南通话，跟家里的亲戚口音都不一样。因为外婆少言，

对整天叽叽喳喳的我常常会皱起眉头，所以我和外婆很少交流，对外婆的身世更是所知甚少。多年以后我在母亲的日记本里看到了关于外婆的一行文字："母亲叫萧丽青，是十七岁出嫁的，她的老家在清江，据说家里是做裁缝的。"现在我想起了这段话，我想去看看淮安的老街，可是我还能找到那个过去的清江浦，那个曾经的裁缝铺吗？

在建成不久的清江浦记忆馆我找到了我想要看的那个旧时光。这个记忆馆在清江浦景区的中洲岛上，宣传单上写着："清江浦记忆馆建筑面积1600平方米，以展示明清以来600年清江浦城市发展为脉络，以复现城市记忆为主线，通过情景再现式及影视语言的表现手法，探寻淮安城市发展的根源。"在这里，我们看到了清江浦的大型微缩景观，整个景观做得非常精致，据说它是根据清代绘制的清江浦全城图进行复原的，厚重的城墙连接了东南西北四个城门，城里街巷纵横交错，民居商铺井然有序，车马熙攘，一派当年的繁华景象。

我不知道外婆的娘家是在清江浦城的哪一个位置，南大街还是西大街，但却无端地认为她是出了北门而上船的，外公娶了她沿运河一路东去，一直来到南通。真的非常后悔小时候没有跟外婆多说说话，多跟她谈谈她的故乡，特别是她上了年纪以后，想想那时的我也应该是到了懂事的年纪，应该知道叶落归根的道理。虽然从中国传统的家族伦理上说，外婆的根已经移到了南通，她是张家的人了，但是她的内心深处一定还有另一条根脉，那就是她的故乡，她的淮安，她的清江浦。我想，

不管是年轻时候的外婆，还是年逾古稀的外婆，故乡肯定是一次次来到她的梦里的。她走在南通的石板街上会想起她老家的路吗？她很少言语，一定是因为她听不太懂南通话，更不会说据说是世界上最难讲的语言之一的南通话。其实我想，当她一个人静静地待着的时候，她一定是在用老家的方言跟自己说着悄悄话的。

一旦想起这些，我再也放不下外婆了。走到总督府，我就想：我外婆曾经从这里经过吗？那会儿这里还是车水马龙、官盖如云吗？我来到慈云寺也会想起外婆，她来这里烧过香吗？当她虔诚地把三炷香举过头顶的时候，她对菩萨许过什么愿？她会对菩萨说出女孩子心里的秘密吗？在夜晚的里运河上，我望着霓虹闪烁，心想她也未见得会有太大的兴趣吧，生在运河旁，长在淮水边，天天开门就见水，出行就上船，肯定不会像那些生在山区的人那样惊奇不已，大呼小叫。想得多了，在心底里禁不住也跟外婆讨论起她的故乡来，甚至会和外婆争论起来，比如说鳝鱼，哪样烧更好吃，是爆炒鳝丝，还是红烧鳝段。我是最喜欢吃响油软兜的，最后那一道工序把滚烫的明油浇上去，听到那刺啦一声，最后再撒上一把胡椒。再比如朱桥甲鱼羹这道菜，我想外婆一定跟我的意见不一样，她可能会对我说："有这道菜吗？甲鱼不就是鳖吗？我们小时候是不吃的。"但我实在是喜欢这道菜，相比起清蒸、红烧和名重一时的"霸王别姬"，甲鱼羹都要高出很多，实在是风味独特。当然，我想我也会和外婆有共同喜欢的菜，那就是蒲菜，上汤蒲菜！那是不着一字尽得风流的一道菜，小时候我跟外婆一块儿上街买菜，她常常在蔬菜摊上来来回回，东张西望，现在我想她心底里一定奇怪：南通和淮安，坐船也就是一天，这儿怎么就见不到一根蒲菜呢？

是的，南通和淮安并不远，但听我母亲说，外婆自从嫁到南通后，就再也没有回过淮安，现在想起来真是让人心痛。不知道那时候两亲家还有没有走动，淮安老家的人去看望过外婆吗？外婆会对他们说些什么呢？她会想起老家的风味吗？她会跟娘家人说：下次来的时候带点老酱油、大头菜、糖蒜和茶馓吧。

（徐晓华）

美好的清江浦

中国的汉字，有世人公知的古奥，却也有一望而知的明晰。崇山峻岭，崎岖巍峨，这些字词，在我们中国人眼里，也许还不全识得，但眼睛一扫就明白是说山的。河湖港湾，波光粼粼，说的当然是水，我们一看到这些字眼，眼前自然就会飘荡起水意。清江浦，这三个水字旁的字，涵括了这个地方的地形地貌、文化特色、饮食习惯，乃至延伸到了她的历史。

清江浦区，是淮安市最年轻的区，或许也是历史承载最为丰富深厚的区。说到清江浦，就不能不说到运河、说到水。

我原本是学水利的。这个专业，让我从理性上认知了水与人类的密切关系。水虽然也会肆虐，但它却是生命之源。我国古代先哲很早就认识到了这一点。《管子·水地篇》有言曰："水者何也？万物之本原也，诸生之宗室也……万物莫不以生。"说的就是这个意思。一部中华民族史，举凡朝代更迭、哲学思潮、诗词歌赋、科技发展，乃至民俗流变，处处浸润着水。水是上天赐予人类的恩物，它甚至本就是人的一部分。水孕育、维护了生命，人类的生活、生产也离不开水。于是，枕河而居、依水建城就成了人类顺乎习性的理性选择。淮安的清江浦，就是运河之子，大运河造就了她的勃兴和繁盛。作为明清经济动脉的大运河，给清江浦带来海量财富。南船北马、舍舟登陆，清江浦成了南北交汇、博采众长之地，各类异质文化在这里交融，于是有了南樯北帆云集、南腔北调盈耳的石码头。五行八作，昆腔淮调，一起铺陈出喧嚣富饶的"运河图"。

皇帝也来了，还来过许多次。康乾都曾六下江南，视察这个关乎"天下粮仓"的地方，这是首务，但我们以小民之心去度帝王之腹，恐怕享受太平，满足身心之欲，也是题中应有之义。如此繁荣的城市，如画般的秀丽景色，水陆杂陈的珍馐美味，谁能无视她的诱惑？名扬天下的淮扬菜，集八方所长，聚天下至味，皇帝的味蕾品尝的不仅是美味，还有太平盛世的气氛和治隆唐宋的满足与自得。

诗人也来了，我们透过沧桑的时光，读到了温庭筠"江海相逢客恨多，秋风叶下洞庭波。酒酣夜别淮阴市，月照高楼一曲歌"。我们听到了白居易的吟哦："淮水东南第一州，山围雉堞月当楼。黄金印绶悬腰底，白雪歌诗落笔头。笑看儿童骑竹马，醉携宾客上仙舟。当家美事堆身上，何啻林宗与细侯？"我们甚至想起《红楼梦》里薛宝琴的《怀古绝句·淮阴怀古》："壮士须防恶犬欺，三齐位定盖棺时。寄言世俗休轻鄙，一饭之恩死也知。"这首识破人情惊破胆的诗，说的是王熙凤的未来，却也让我们想起淮安人韩信甘受"胯下之辱"的隐忍和报"一饭之恩"的情义。

当年的运河是国家的血脉，运河的水也成为淮安人的血液，造就了他们的性格。一方水土一方人，这是真话。"美好的清江浦"，说的是景，是物，更是人。我觉得淮安人的性格就是水的性格。古人说"水性至柔，随物赋形"，说的是水没有自己的形状，装在什么容器中它就是什么形状，但水却又是至刚之物，"水滴石穿"说的是水的韧性和坚忍。淮安人，清江浦人，他们具有北方人的豪爽，却也有江南人的温柔。

有了这样的主人，淮安的清江浦，一定会更加美好、更加繁荣。我们来到这里，看到了"逆水行舟，不进则退"的勇气，感受到他们"海纳百川，不择细流"的胸襟，也体察到他们"饮水知源"的历史责任感和"滴水之恩，涌泉相报"的情谊。美好的清江浦，她将拥有一个更加美好的前景。

（朱辉）

关于里运河的多重想象

秋雨绵绵。站在清江浦的里运河岸上，竟有些恍惚。仿佛走来走去，我都在运河的岸边，行走在水边。只是从水的此岸，又走进了另一个此岸。我从没有渡过此岸。哪怕站在水渡口，也缺少了去往彼岸的勇气，只能朝前看去，等待什么似的，念一句"过尽千帆皆不是，斜晖脉脉水悠悠"。此时，没有斜晖，只有细雨，只是清秋，一切都在半成熟中，好像淮安这座水上城市，她腼腆、清雅，有着南北兼容的豪爽性情，她可以迎风而立，笑傲江湖，又可以掬水凝视，看尽春秋。沧桑之中见儒雅，与水有缘。

喜欢这样的城市，因为有一条里运河，像一腔热血在城市的心窝窝里流淌着，这样的城市，这座城市孕育的人，就显得不同。水是柔的，但开凿运河的艰辛还在，所以柔美与坚韧兼备，便成了城市的风骨。

眼前，两岸风光皆在水中，现代城市的高楼，过往和历史，以及百舸争流的船行之影，都在水中。其实，又都是从水里生长起来的。好比一棵清脆的蒲菜，咬开第一口，就能触及水韵的波纹。清江浦与运河的感情是密不可分的。我也不想用什么水上威尼斯来形容，我觉得这里独一无二。面前这条里运河是京杭大运河最早修凿的河段，流经淮安市、扬州市，自清江浦至瓜洲古渡入长江。里运河形成后，好是兴旺了一阵子，从而享有"四河穿城""南船北马""九省通衢"之名。直到1959年，为满足航运，大运河被裁弯取直，留在这里城区的一段终于卸下"水运"之职，成为一条内城河，即如今的里运河。脚步一落在这块土地上，就能感受到水的漫漶与流向，水在诉说，水在聆听；水在高歌，水在沉默。每一个魂灵都与水有关。

许是喝了一小杯黑牡丹的缘故，在细雨蒙蒙中，似乎有些微醉。就这样站在岸边，远眺着，遐想着，等着上画舫。背后是国师塔。国师塔虽为新建，但一与运河水相辉映，意境、沧桑，就来了。它还是慈云禅寺的标志性建筑，慈云禅寺是清顺治晋封的国师玉琳的圆寂之地，历史上慈云禅寺就有国师塔记载。如今的国师塔是国内知名园林古建设计大师吴肇钊的设计作品。在雨夜里，国师塔被灯火打得通透，仿佛一眼就可以看见塔身的浮雕和塔顶的金光。

国师塔虽然与登船码头有一路之隔，但总有错觉，它似乎就在岸边。当我们乘上画舫慢慢行驶时，塔身落在水里，岸上一个国师塔，水里还有一个国师塔。灯火迷离，意境恍惚，画舫里有人在低语，这个世界真是绮丽有趣极了。

朱红色的画舫驶离了码头，朝里运河的更深处去了。心情不免有点激动——我们就这样走进了历史大河啊。这条千年大运河由南至北长流不息，流淌着的盐和大米富庶了临河而居的淮安人。两岸帆樯林立，车水马龙，迎来送往的是全国的名商巨贾。康熙、乾隆两帝下江南的途经和巡视，更使得淮安声名远扬，繁华一时。据说岸上的"清江浦"三个字就是乾隆皇帝酒后所留。然而，她也萧条落寞过。有那么一天，突然失宠了，破船、杂物拥塞了河道，往日繁华不再。今天的模样则是人们的突然惊醒，里运河大规模整治开始了。这显然是智慧的。水被叫醒了，又有了往日的生动。于是，如今她是一条里运河文化长廊，岸上景观林立，每一个石墩、每一座桥，每一个建筑，都衍生了别样的风情。从国师塔起，经越秀桥、水渡口、青龙寺、清江浦楼、文化广场和清江闸，皆在水的荡漾中、在雨夜的灯火中，熠熠生辉，如梦如幻。

这时，贾老师问起我的家乡。我的家乡在哪里呢？在流动的水上谈论家乡真是一次奇妙的谈话。水韵悠悠，走过，即来过。站在运河岸边沉思和眺望的时光出现了，那些岁月，我是有过寄梦的。来往的船只已不是运粮草的船只，它们载煤炭和砂石，会在渡口边停留，做短暂的休憩。或许，过一夜。缆绳被甩出来，绕在岸上的石墩或梧桐树上，长年累月下来，一道道勒痕明显。拴住便是停顿，便是驻扎。船民们从船上走下来，走进街市，买菜、买花，买很多物件带到船上。就像那时候这里的石码头，络绎不绝的客商，一度形成了市廛密集的繁华景象。只有人来了，再来了，一个地方的名声才会随着脚步走向四面八方。一条船就这样与一个地方产生了关系，这个关系是久远的、密切的，充满深意和日常。也许多少年之后，你会在蛛网密布的角落或散着霉味的箱底里发现，有一朵头花，是哪年哪月在哪个渡口买给妻子的……

驳岸条石之间长出来的小草，水灵、可怜又生动。雨也还在下。透过雨帘，李鹰的《虞美人》飘了来："玉阑干外清江浦，渺渺天涯雨。好风如扇雨如帘，时见岸花汀草、涨痕添。　　青林枕上关山路，卧想乘鸾处。碧芜千里信悠悠，惟有霎时凉梦、到南州。"

这首《虞美人》写的是春夏之交的雨景，也是清江浦最美的诗词。近景远景都是有着遥远的和现实的抚摸过程。触景生情，而我透过初秋的雨帘看清江浦，好像凝视着泪眼，从而执子之手。

（李云）

入淮新洛渐漫漫

淮安有自己的博物馆、图书馆，有一个又一个历史遗迹，这些都是让人容易对一座城市产生了解的地方。但这些了解，多从纸面得来，经由他人论证，看似确凿，实究起来，却不是自己的，是不必亲身到达就可获得的。倘想对一座城市的第一了解里，有自己纯粹的感受、见识，双脚一定要踩到这城市的泥土，看到这泥土上的人从你眼前真实走过。倘时间有限，来了淮安却不能久驻，那必走的一个地方，可能就是大闸口。

大闸口一带，是运河在淮安城的中心地带。

大闸口北的石码头，在水路作为重要交通方式的时代，往来客旅官商，皆需在此下马换船或下船换马。"南船北马，舍舟登陆"，即从此来。看似平常巷陌，一样的泥地、尘土，表面上云淡风轻，但随便一锹下去，都有故事，像家里一位长辈，经历很多，只是不愿讲述。

明清两代，朝廷的漕运及河道机构都设在淮安。

明永乐年间，为确保粮船运输安全，妥善治理河患，平江伯陈瑄在淮安地界建了四道大闸，清江大闸口就是其一，且是目前整条运河上保存最为完好的古闸。当时的朝廷，确立了以内河为主的粮运制度，除山东、河南粮船可不经过淮安入京外，其他地方的粮船都要经过淮安城北上。明万历年间，苏、杭、扬、淮四大市集并立。天朝八个税关，有七个税关设在了运河沿线。

这一座古闸，为运河护航外，另有奇异——别有一种不可言说的魅力。这魅力不止生成于它本身的、对历史紧密的链接和代言，对于今天的淮安城，它还是唯一的、让淮安有那么一点儿与众不同的所在。似乎就是因为它的存在，这一块土地才有了格外的融合与包纳。举例说，我们现以御码头为圆心点，它南面有慈云禅寺——解放前，淮安城没有女校，慈云寺里专设过收女生的私塾，慈云寺边有供孔夫子的文庙，有道观，它不远处有清真寺，还有一座福音堂，它们聚于方圆一公里的土地上，是非常独特的。淮安城自己的人，却一点儿不觉得是惊奇，朝暮之间，只是寻常。

在慈云禅寺背面，是国师塔，与国师塔呼应的另一个比较高的建筑就是中洲岛上的清江浦楼。

一个人，从花街走出来，到东长街去，要过水门桥。这水门桥桥北头下就是石码头，桥下就是运河。"南船北马，舍舟登陆"的御碑，就在码头边上。

碑北边，是一条美食街。

这条街是新街，和文庙近在一呼一吸之间。文庙这几年有了自己的风格，是个旧物集市的样子：旧书、旧物、小工艺品、花草。美食街上则是另一种风格，一到周末，各学校放假，男孩子、女孩子们就出来了，来这街上吃小东西。外地的人也会来这街上尝地方小吃。它和花街也不同，花街是老商业街，以卖大件的穿戴为主业。这条美食街上，只是各色食品摊位、酒馆。到了晚上，各酒馆门口的灯亮起来，聚餐会友，商谈人生诸等大小事，都要有酒菜趁着。这些酒馆都不是大厅点餐的排场，是做成一个房间里只一张圆桌的样式，很多的小房间，一张圆桌一席客。中餐有别于西餐的最大特色是所有宾客围圆桌共餐，不是分餐自取式。人重情谊可能是需要方式的，比如同吃过一个盘里的菜，同喝过一壶里筛出的酒，都可视为结盟约的仪式。

2013 年，淮安城开始投建里运河文化长廊景区。先期所涵，就是闸口这一带。从若飞桥到中洲的河岸空地，完善了绿化，修起了步行道。运河博物馆、淮安名人馆、清江浦记忆馆紧挨着建在御码头到清江浦楼之间。

这一段河岸是我很多年来最喜欢的一块地方——反复来，常常来，翻来覆去就是这些花木草树，这些不动的场馆建筑，然而每一次来，都觉得有不同。有一次忽然想，这不同，都是因为这河罢了。河水流过，每一次从眼前流过的水都不是昨天的水。

因为一条河在其间，无形中保存下生活和自然的通道，使到处钢筋水泥的现代城市有了一点儿温润和潮湿。

城市中心地带居然有一条河。有河就有一个河岸啊，有很多和水有关的生灵、物件。是河边就要有很多的草树啊，也要有花，有很宽阔的空地。人在其间行走，能凭身边的植物感受到季节的更替。

河水还要是流动的，清亮的，在河边停下久久地向河里望，偶尔看到一条鱼在跳——这是一条仍然在养育生命的河。

唯一遗憾的是，每到晚上，河边有灯光，这灯光太过明亮，使夜里散步的人可以不需秉烛，但这灯光是会惊扰草树的安眠的。

沿河的老街，这几年一并规整新了。这个"新"好还是不好呢？从一个城市的建设上讲，好肯定是大于不好的。以水门桥为分界线，向东是东长街，向西是西长街。不管街新还是街旧，住在东、西长街的人，出门口仍然是这河。

这河过哪家门口，就成了哪家人的一部分。20 世纪 80 年代末期，临河街上的人家还在运河里淘米、洗菜、洗衣服。女人们拎了熄火的煤炭炉子到河边空地上生火，生好火、散了烟再一路拎回家。那时，河边还没有一处高楼，各人家都是平

　房。20世纪90年代末，这一带开始旧城改造，慢慢拆了平房，迁走工厂，建起高楼，先建的一批楼大多是六层的无电梯楼。也是下楼渐渐地不方便了，河边人家不再去河边洗浣衣物、米粮、果菜。

一条河游走在城市的中心地带，很少出城的人是视为平常的。过去交通不便，下到县里都是半天的路程。20世纪90年代末期，淮安才开始修建铁路，车站修好，才慢慢有了火车。这几年，又添了机场。但在此之前，除了公路，只有靠水路出去——运河就是一条伸到家门口的、可由此到达另外一个城市的路。在水路是重要交通方式的年代，一个城市有了一条穿城中心而过的运河，就像母亲有了一个让自己活得荣耀、安心的孩子，寄望中的他，既能担下各种寒苦困顿，又能托付一切族中大事。

这一带之左右，沿河之两岸，还颇有些旧迹。如果多一点时间，也可以一并走走看看。如周恩来童年读书旧址、郎静山旧居、周信芳旧居、若飞桥，这些名人都是离这个时代不远的人。作为乡梓前辈，他们都在不断的离乡中，活成了更开阔、广大的人，已不单属于一地一域。他们被世界上的人，更多的异乡、异域之人知道、熟悉、接纳，获得了遥远处的人的爱惜。他们有一个共同的身份：离开故乡的人。因为这份离开，他们打开了生命的更多外延和可能。

水运衰落后，大闸口不再是淮安城热闹的地方，一左一右，多是小商铺。三四十年来，这些小商铺默默提供的，多是生活中的小配件：衣服扣子，夹煤炭的钳子，结婚时人家门上贴的红鸳鸯剪纸。在有了淘宝、半城人都知道了淘宝后，有一天，我从那里走，发现从前卖这些零碎的店依然没关，修剪衣服的、卖香烛纸锞的，也都还在，仿佛不知道网络这件事已经来到所有人当中一样。这种安然让我忽

然地沉静。忽然地，有了一种对世界诸事一并放心的安然感。

　　巷陌的缝隙里，仍可寻见一些手推车，车上放着小炉子，有的是炖煮一锅甜糯的糖粥，有的可能是在炸一种类似小丸子、此地人称之为"油端"的小食物。夏秋，车上有藕孔里填满了甜糯米再小火煮熟的藕段，冬天车上有烤山芋，这些小食物似流水席，年年月月一个品种，却从不断卖。这食物的香气，让天马行空的人也能猜到这是人间——那些偶然经过这里的人，或者是那些常闲来走走的同处一城的人，天天来一次，都自知不会成为这街上一员。它有一种说不清的、无法复制的气息。

　　"入淮清洛渐漫漫，雪沫乳花浮午盏"，两流相汇于默默——那样的不可述与意在言外，一切都在萌动的、有着河流水气与人间热气的"渐"字和"浮"字里静下——近似于这样的气息吧——是认真想了，也找不到合适的事物来比拟的气息吧。每天晚饭后都来御碑亭边下一盘棋的人，每天都来河边唱一段地方戏的人，他们统统地是没有参与进来过的，他们泅在其间，却只是这气息的旁观者，是大闸口常住民大部分生活的旁观者。是他们让我们谦虚持久地保存了他人生活旁观者的身份。

　　"此生合是江湖老"，河水无声，来者也无声。

　　这来者，包含异地偶来的旅人，包括只隔了一条街天天从这里走过数次的比邻，包括新生者。来者来的无声，走了也多不会发出响动，打扰到他人。生活只会让一个个成年人越来越沉默。

　　虽然这河，这大闸口，这一切的物，不是某个人的。

　　甚至，不是我们一个城市的。

　　运河经过了很多城市，沟通、汇聚、推动不同水域之水同流、交流，增加承载。

　　它只是从我们的土地上经过。我们把它当成挚爱，甚至当它是唯一的儿子。但是，它是有比我们看到和想象庞大的生活的，它不只是在我们面前的这一个身份。它会有其他身份，比如，去成为他人的父亲、成为其他家庭的孩子——它必会成为别人的亲人。我们不能也无力把它留在门前，也不可能跟它一起走，一直走。它会有另外的家人。在我们城市中这一段，只是它浩荡生命的一小部分。在历史的上游，它照看过我们的祖先和前辈，给了他们交通和不同于眼前生活的可能，并因为种种承担而被赋予价值，成为一条有年纪、有经历的河。我们知道它给过我们什么，所以，才加倍努力地厚待它、保护它。

我们每一个，都只是河上走过的无数人之一。用一生去经历的，也都只是它的一小会儿。在历史的下游，它必会被增加新的定义，也会继续汇入这块土地上人的生活，还原为平凡流水的样子：不是那么喧闹的，没有潮汐波澜，渐渐地活成一种隐喻，把一个城市从高架桥上的繁忙车流中引向和缓、安静。

它有这样的力量。

现代生活中，琐碎与焦虑常把一个人裹到密不透风。我们知道生活不该是这样，但我们每天过着的，就是这样的、没有孔隙呼吸的生活。很多时候，想找一个地方静一静，让自己透一下风，不被任何人事搅动，需要一个地理空间把这样的自己收下、容纳下。

如果在淮安，我就希望你去闸口走走了。它离谁都很近。没有栅栏，没有围墙——空阔而慈祥。一个小朋友对我说过一个金句：只要趴到桥上，看到运河水哗啦啦那么一流，心里就腾出安放明天的地儿了。

戊戌冬月十七日下午，长篇小说《北上》发布会加了淮安一站。则臣君从杭州过来，路上有点堵车，主持人请我先去招呼下读者。到了知行空间的会场门口，我遇到文史委群里的两位老先生。那天很冷，他们却早早到了，见面就问我：听说《北上》里写了一个到过淮安的人，他到的是大闸口吧。

（苏宁）

生命的粮仓

无论岁月如何转换，朝代如何更迭，"民以食为天，食以粮为本，粮以储为要，储以仓为基"，都是与社稷民生息息相关的"政事"，而且永不会变。粮食是国运之根本。据《山阳县志》记载，每当运粮季节，十二万漕军护送一万两千艘漕船，由清江浦北运京城，运河漕船首尾相连，十分壮观。在电视剧《天下粮仓》里，细心的观众能看到类似的场景。然而，多数人可能不知到的是，电视剧中粮仓的原型其实在我们身边也有。在清江浦西大街草市口北巷约100米处，有一门朝南的大院，这个大院就是《天下粮仓》中的仓库原型"丰济仓"。

南北朝以后，中国的经济中心已经从黄河流域转移到江淮流域。隋代开挖的大运河，促进了国内商业的流通，成为封建帝国的经济命脉，沿运河崛起了淮（淮安）、扬（扬州）、苏（苏州）、杭（杭州）等几个繁华的大都市。隋唐以后，封建王朝的财政收入，特别是粮食，主要来自江南。而江南的钱粮，都要经过淮安循河北上，直送京都。沟通南北的京杭大运河，是明清时期漕粮运输的重要通道，如此造就了清江浦的繁华。

漕运采用"支运"法，即各地所征漕粮，先由当地送至粮仓，然后递送京城。为了搞好淮安的转运衔接工作，唐宋两代曾设转运使，元代改设总管府。到明清两代，淮安专门设立漕运总督衙门，以中央部级大臣来淮督办漕事。宋代的范仲淹，明代的李三才、史可法，清代的铁保、施世纶、恩铭等，都曾在淮安负责过漕运事务。明清两代，"凡湖广、江西、浙江、江南之粮船，衔尾而至山阳，经漕督盘查，以次出运河"。山阳，即今天的淮安区。

从江南运往北京的粮米，每年都要达到几百万石以上。清代顺治初年，每年可达300万石，"居天下强半"。为了便于贮存、转运粮食，明代永乐年间在山阳县清江浦设立常盈仓，储粮经常保持在300万石左右，是全国囤积漕粮的四大名仓之一。此外，清江浦城内还设有常平仓2处、预备粮库3处、庄仓即民间粮库5处。每逢漕运旺季，为保证漕船畅通，禁止非漕运船只在运河上游清江浦航行，南北商旅多于此登陆换车、歇脚，更增加了街市的繁荣。漕运兴盛的年代，这里聚集着文武官员、显宦世家、巨商富贾、文人墨客和僧道名流。与此相应的，是园林寺院以及茶楼酒肆等场所，尤其是花街、都天庙、大闸口等一带，其繁华程度远盛于当时的扬州。

据史料记载，作为运河沿岸重要粮仓之一的丰济仓，占地面积2000平方米，清同治九年（1870）开建，江淮各地的400余名木瓦工匠，耗时14个月建成，包括库房、马房、住房在内共计500余间。粮仓均为砖木结构，一律青砖小瓦。仓库墙基为长形石块，飞檐拱壁，古色古香，典型的明清建筑式样。

到了近代，由于海上贸易的发展和铁路运输的出现，大运河的漕运受到大大的制约，逐渐衰落。丰济仓的地位也随之一落千丈，"淮仓所储米麦无几"，不久储粮完全告罄。此后的丰济仓虽然还作为资产存在，做过许多临时机构的场所，却已与粮食再也无关了。丰济仓的戛然而止，完成使命，留给我们无限遗憾和怆然。

说起《天下粮仓》这部电视剧，我再次回想起我们这个民族与粮食的关系。在那些数不尽的悠悠岁月中，粮食一直是中国人和中华民族的"命根子"。从农耕文明的原发性发展历程，到每一个人的一生，无不在粮食这一问题上寄托着唯一的生命线。因此，中华民族最崇拜的先祖就有"有巢氏""燧人氏""神农氏"，最希望的生存状态是"社稷安宁""安居乐业"，最乐见的年景是"稻谷飘香""岁稔年丰""硕果累累""五谷丰登""六畜兴旺""穰穰满家"，最不愿听到的是"荒年歉收""年景不好""饿殍遍野""库里无粮，心里发慌"，等等。在我们几千年的文明史中，粮食对于人来说是不可或缺的。

（叶江闽）

沿河行

清江浦城里的这一脉里运河，是大运河最早开凿的一段，经年累月地流着，平稳徐缓，凝聚成一个仪式般的文化遗存。常闲散地沿河行，一路上河水清润的气息总能滋润渐趋干渴的心田，也让脚步河水般从容沉静。

在码头

码头，自古便是别离之地。别离，总意味着感伤、惆怅，还有心灵深处难愈的暗疾。在见过许多地方的码头，旁观亲历过许多次别离后，再来到里运河畔的这座码头，离别也不再惊心动目，或是历史的积淀覆盖了别离的伤痕，所有的别离到了这里，不仅浸润了水般柔情，也印刻着石头般的本真与粗粝。现在人们叫这里"御码头"，我更喜欢"石码头"这一古称。石码头质感厚重、古意自然，显化着生命的底色与历史的本色。

万历十七年（1589），总理河漕潘季驯于清江闸北侧建越闸、开越河，还建了这座码头。后因康熙、乾隆二帝下江南，多次在这里登临视察水利，体察民情，码头遂称为"御码头"，成为南船北马、舍舟登陆的繁华之地。

南船徐来、北马疾去，历史的针脚如船如马飞速掠过。在这里，远来的漕船、满载的盐舟、商旅的大舸、两岸的画舫，把一幕幕扬帆盛景渲染到极致。水流云在，而今，这里不再有繁盛的离别，也不再有漕运舟楫，修葺一新的御码头运河文化美食中心不仅仅是一个美食符号，也是一个文化符号，更是古老运河文化在御码头畔的呈现与复兴。

择一个微雨的薄暮，沿码头清湿的石阶一级级走下去，凝重悠远的回声如逆流而来的一段残梦。当一个梦遇见一条河，仿佛血与肉的交融，足以让时光倒流，回到一个码头最深情、最快意的年代。

又落雨了。雨水澎湃恣肆，里运河的河面一天天涨起来。我坚硬的身体在水波的涤荡下恹恹欲睡。梦中，又回到那一片画船箫鼓、商贾云集的繁华。那一年，经过锤击打凿，我成为里运河码头的一块石头。从此，坚实的身躯停驻在运河畔的漫漫繁华中，一年又一年，背负了无数湿漓漓的足印，见证了一次又一次北上的光荣和南下的惆怅。

他们从南来的漕船上下来，男人强健，女人灵动，踏着我坚实的脊背，上岸饮酒话别。"酒酣夜别淮阴市，月照高楼一曲歌。"高高的明月、飘香的美酒、诱人的淮扬菜肴、离别的怅惘，在明月的辉映下、在美酒的发酵中、在美食的饱腹下，古典又快意。杯觥交错间，女人会落下几滴伤别离的泪水，男人会隐隐闪过留恋的眼眸，但更多的是北上的梦想抹去了离别的怅惘。挥一挥衣袖，再次归来，将带回生活美好的前程。

乘流而来帆樯满，闻香停船御码头。足印潮湿，多少人为美食而来。那年，乾隆皇帝南巡至此，前呼后拥踏上码头。宫娥艳丽的服饰映在运河上，夕阳下晃动一河鲜艳。在河畔一店铺看到一碗面条，根根利利爽爽，淡酱色面汤清澈见底，汤上浮着金色的油花和翠绿色的碎葱花，阵阵香味扑鼻而来，乾隆以"阳春面"赐名，寓意像春天万物生长一样生机勃勃，又像面条一样连绵不断。

乾隆皇帝的足印给百姓带来了生活的富足和生命的从容。这里的百姓是真正懂得享受生活的一群，在吃上做足了功夫，也尽显铺排的隆重。明明是道极普通的软兜长鱼，这里的味道和别处的就是不一般。"夜入楚家烟，烟中人未眠。望来淮岸尽，坐到酒楼前。"项斯《夜泊淮阴》中的诗情画意足以描绘当年淮扬美食的鼎盛。

运河千年流淌，林林总总的繁华早已漫漶在历史的风雨中，只有一块块如我般沧桑坚实的青条石砌成的御码头，承载着清江浦运河不可磨灭的历史印记。踏着青条石，登岸漫步，小街建筑仿明清风味，古朴典雅、外饰精致。街侧店铺林立、人来人往，美食良宴、咖啡浓酽，书香雅乐相映成趣，犹如一间"城市文化会客厅"。走进这间会客厅，在码头潮湿的河畔辉光中，恍兮惚兮间听到古老事物在心中回响，感受到时光的涌流与凝视。往里走，淮扬菜品鉴馆把正宗的淮扬美食逐一铺陈。再往里走，是"身临其境，听古韵京风；赏心乐事，品人生滋味"的喜马拉雅运河

音乐书房，同时还有爵士酒吧、音乐西餐厅等，甚至还有音乐厕所。商家生意很好，一拨人走了，一拨人又来了，像历史在这里罗列交织，运河水在这里回旋流连，往昔繁华在回忆里逐一返场。运河书房的一本本书似一个个等待的人，等你读懂运河的古老与深情。还有月下叮咚流淌的音乐，为晚归的你铺一路清辉。为阅读、为音乐、为美食，这里为爱生活的人们准备好了一切。在这里、在码头，你会感受到"建筑是凝固的音乐，音乐是流淌的建筑"里动静相融的艺术审美之境，你会感受到日子滋润与精神富足交合一体的怡然自恰，也会感受到运河历史的深远与运河文化的博大。

掌灯时分，码头的灯火阑珊，远远望去，似一街璀璨的星火。"夜火连淮市，春风满客帆。"无论你是夜渡码头的路客，还是沿河漫步思情满怀的行者，皆可醉卧酣眠花间堂，在月影花香里梦回前世。梦中，仍是御码头那块潮湿多情的青条石，背负湿漉漉的足印，在御码头畔的花香、酒香、咖啡香、书香，还有运河水清苦的沉香中，离别又重逢。

望花街

花街很短，站在河畔这头就能望到那头。花街的历史却很长，沿河踱步上小街，历史久远的风尘清香袭人，应了街名里那个"花"字。

小街的传说早如梦中风物般模糊不清，但小街与花确是纠缠在一起的。传说花街很早以前私家花园众多，养花、赏花、评花是小街特色。另一种说法是以前这里家家都做花，用上好的苏州府香绢做成，瓣大、蕊艳、色多、样俊，跟鲜花一般，专供皇城里嫔妃宫娥们佩戴。

美好的传说花事般早已荼蘼谢却，只有街两旁的梧桐树若花魂幻化而成，枝干虬曲蜿蜒、叶茂色驳。盛夏时节，枝叶相触在空中，将小街遮蔽得阴凉幽深，那些斑驳的人事风光却在浓荫中缓缓隐现。

"虚窗暗透风如剪，深院絮飞雾似帘。"两百年前生活在花街上的邱心如，究竟是在哪座青砖灰瓦下完成了长篇弹词《笔生花》已不再重要，重要的是在何种情境下写就传世之作。写作者本就敏感，何况又是一位女子，想来并非是我一厢情愿地认为，花街为这位女子设置了最适宜的写作环境。花一般的女子，在花街丛丛叠叠的花海中笔下生花，写出花一般的文字，命运也若花般零落成泥碾作尘。邱心如日夜操劳写作《笔生花》，后丈夫逝去，爱子夭折，公婆皆去，只余她孤苦伶仃一人与花为伴，任运河水汩汩而流，泣泪写作，终成文学巨著。

"每天一排排拆合的店铺板门打开时，炊烟的香味就从煤球炉里飘摇而出。到老井里拎水的居民起得都很早，一道道明亮的水迹在青石路上画出歪歪扭扭的线，最后消失在花街一户户人家的门前。如果沿街走动，就会在炊烟的香味之外辨出井水的甜味和马桶温热的气味，还有清早平和的暧昧。"这是徐则臣小说《花街》中对花街的一段描写，浓郁的人间烟火像遍地野花如火如荼。如今的花街似乎无论何时来，一个个店铺都如一株株花静立等待，散发古旧雅致的气息。有的店铺虚着门，望进去，淡淡的暗处涌动闪闪烁烁，似多年前的花至今尚未全开，让人有些惘然，又有莫名的期待。有的店铺宾客盈门，在青灰色的瓦檐下谈笑怡然。而一个喜欢雨的人，一定会在薄雨时分来小街走一走，听雨声沙沙落在伞面，脚下的青石路越发清幽，淡淡的花香袭来，让一颗心不染纤尘，一些无名的妄念、杂念隐入烟尘，原

来诗和远方也可以在浅浅的足下、近近的眼前，在小雨中的花街。

小街虽短，并不单调，亦有另一面景致。街尽头一家五金杂货铺，从历史的烟雨中走出，恹恹欲睡在火辣辣的夏日午后。两间紧邻相通的铺子，悬着、摆着、摞着的日杂用品不计其数，除了碗碟、药罐子、大玻璃瓶、杵臼等各种瓷器、陶器、玻璃器，还有蒸笼、草帽、竹簸箕、小铁锹、镰刀、捕鼠夹、便壶等各种不容易买到的杂货、小五金。"不管这条街怎么变，我这招牌是不会变的。"说话的是老靳瓷铺的老靳。店门口正上方古色古香的金字木质招牌陪伴老靳走过三十七载，因为物美价廉，老靳瓷铺在街坊邻居中的口碑一直不错，来的也多是老顾客。像老靳瓷铺这样坚守原地的铺子算是鲜有，而年过古稀的老靳也是花街上为数不多的老人儿了。由于花街改造，搬了三四次的老靳每一次都选择回到这里，应了那句"住久了，有感情了"。

"花非花，雾非雾，夜半来，天明去。来如春梦几多时，去似朝云无觅处。"也许花街就是花一样的存在，鲜艳过，葳蕤过，而后沉寂，终又"花非花，雾非雾"虚实相间地留存在历史的记忆中，散发着淡淡的清香，雾一般笼着小街，也掩着那些花开花落的人和事。

记都天庙街

清江浦开埠，便有了都天庙街。

街由庙而名。都天庙街43号，便是都天庙，也是街的中心点。

远望可见此庙的山墙风采，闹市里独守一份安宁。进入院内，檐下精美的雕花犹存，弓形廊檐的古韵还在，氤氲着静美的气息，像乐曲中的休止符，似断实连。因了这庙这街，时间的脚步便不会中断，尘封的历史、往事的灵魂附在一个个雕花、一瓦瓦屋檐上，让你不由驻足久久凝视。

史载，都天庙为纪念唐御史张巡而建。唐安史之乱时，张巡坚守睢阳孤城，为保卫百姓壮烈牺牲。传说，他能为百姓"驱邪降福"，百姓尊称他"都天大帝"，俗称"福神"。

曾几何时，这里是清江浦吃喝玩乐的绝佳地儿，光阴在这里罗织了最绵密最世俗的针脚。庙里香火旺盛，街巷繁荣，店铺买卖兴隆。一街筒子，尽是人头。卖甜粥的，卖糖球的，卖元宵的，卖桂花糕的，香气直往鼻子里钻。玩花船的，踩高跷的，挑花篮的，舞大刀的，唱戏的，锣鼓家伙"哩个咚咔嚓"就拉开场。"樊梨花""天波府""杨排风"，唱它三天三夜。前来挑码头的，尽是威震江南江北的名角儿。入夜时分，灯火阑珊处，那车马桥、洋的士，一直排到都司衙门口还拐弯。

1950 年，淮阴大舞台设在都天庙内，演出地方戏曲。据说，民国时期，每年农历四月初十，都天庙还有庙会。那时，逢每个寺庙庵中的各路神仙的诞辰或香期，均要举行庙会，以示对神仙的纪念。据老人回忆，当年出会的场面十分气派。前面四人抬着两面大锣由都天庙出发，鸣锣开道，后面是彩旗飘扬，跟后的有戏狮舞龙的，玩花船的，小黑驴背小媳妇的，一路表演、戏闹、说笑、逗唱，妙趣横生。庙会游行队伍一切费用由各商会、商行出钱组织，同时店主还要赏钱或茶食等给表演艺人，表示感谢。庙会上还有踩高跷、传统地方戏表演，时时引得观众不断喝彩。

微雨的午后，走进这街巷，迎面相逢那些不曾谋面的熟悉面容。

都天庙前巷内有一排古朴的清式小瓦建筑，这就是享誉海内外的摄影大师郎静山的故居。三进堂屋可以看出当年住户的气派，九间厢房面西而立，你仿佛看见风骨瘦瘦的郎先生从屋内走来。而正当此恍惚之际，北面隐隐传来梵乐和诵经之声，这便是"文会庵"。

庵内香炉佛香飘扬，殿前花草树木繁盛。殿门上方赵朴初题写的"大雄宝殿"匾额金光闪耀。两边廊柱上有对联一副：暮鼓晨钟警醒世间名利客，经声佛号唤回苦海迷路人。

辞别文会庵向南不远，便是虹桥里文渠河边，一阵阵优雅的京腔和着京胡、月琴等的伴奏声从一座仿古建筑中传出，紫漆大门上方"周信芳故居"五个鎏金大字在阳光的照耀下熠熠生辉，这就是京剧著名麒派宗师周信芳的出生地。现在这里每天都聚集众多梨园票友前来娱乐，愉悦了身心，更为京剧艺术的发展与普及起到了传承作用。

周信芳故居向南步行约十分钟，可见路边有一面南而立涂有佛教黄的门楼，上镶汉白玉一块，白底金字"毗卢庵"。此庵兴于明清，庵虽小，却是众多善男信女宗教生活的庄严场所。庵堂掩映在鳞次栉比的民居中间，大殿较为粗陋，而殿顶中间有一宝葫芦，葫芦两脊顶有鱼龙含珠物，定会吸引你的目光。

在淮安人记忆中留下太多印记的大众剧场位于都天庙街南首，据传是广荫庵改建而成。以前剧场门前曾有一对石狮，憨态可掬。剧场门楣上还曾有谢冰岩题写的"大众剧场"四个刚劲的大字。从前，只要有电影放，门前便热闹起来了。卖水果的，卖茶叶蛋的，卖花生瓜子的，卖香烟的，应有尽有。他们拎着篮子在剧场内外走动叫卖，吆喝声此起彼伏，而当电影开场的铃声响起，叫卖声便戛然而止，像被吸到电影中似的。

大众剧场向西行就是张仙楼。早年的张仙楼柳荫成行，街上的住户皆四面环水，多以经营茶肆为业，午后客人最多，吃茶，听唱，风雅得很。

晚灯次第亮起时，走进这小小的街巷，阑珊灯火处立着一个人，眉目可亲，不由恍惚，一眼千年亦一脚百年，行行复行行，好像一只脚踏进了清江浦不醉不归的繁盛，另一只脚还遗失在千年前的里运河畔。

忆文渠

如果河流是有性别的，大运河是男性的，是铁马冰河，文渠该是女性的，是小桥流水人家。

她是柔软的，从城西蜿蜒而来，向城东逶迤而去；她是优雅的，依形傍城，潺潺悠悠；她是沉静的，经久数年默默流淌，滋润着傍水而居的人们，在清江浦大地划出一道百转千折的旖旎风光。

明永乐十三年（1415），平江伯陈瑄沿沙河故道重开清江浦河，为便于排水，文渠应运而生。而后，文渠屡遭淤塞和拓展的命运很像一名女子的一生，青春过，美丽过，坎坷过，最终一切都消解在生活的寻常阡陌，平静嫣然，缓缓归来。

据资料记载，清同治十二年（1873），漕运总督文彬命清河知县万青选，挑浚东自云坛坝起，西过文庙入泮池，后屡折往西，经内城河，南出西水关，转而东经外城河至文笔峰储水洞，又经锡宁桥、来凤桥入白马湖。这如绕口令似的描述，确谐意"文曲"。曲曲折折的文渠河道依势就形，涉水面大，一直是淮阴城内唯一的排水河，经年累月流淌在衣食住行琐琐碎碎的百姓生活中。因了这河，河畔人家的日子是清爽而精致的，在岁月的细雨清寒里像潜入一条河流般嵌入生命的每时每刻。

然而，文渠又似位喜怒无常的摆渡女子，给了百姓风平浪静的生活，也给了人们猝不及防的麻烦。曾有顺口溜说里运河"六十年代淘米洗菜，七十年代引水灌溉，八十年代鱼虾绝代，九十年代不洗马桶盖"。与之近在咫尺的文渠与里运河可谓同病相怜，污染程度比里运河有过之而无不及，曾几何时河水散发着令人恶心的臭味，沿河居民叫苦不迭。

许多年过去了，文渠的步履不再轻盈，她跌跌撞撞走进了20世纪80年代。她似乎已经老了，低眉垂首，睡思昏沉，自怜时会忆起原本妆容的精致、身体的清透。而今，灰头土脸，美人迟暮，柔弱的身躯布满历史的褶皱。她翘首盼望，一心一意在等待，等待一次重生。

政府有关部门适时对文渠进行提档升级，建起水泥护坡，两岸安装护栏，整修步道，栽植花草树木，营造水边绿地游园，形成"春有百花夏有荫，秋有果实冬有青"的宜人美景，彻底改变了她灰头土脸的容貌。

"水是眼波横"，文渠是回忆的眸。见了她，便想起几十年前的晨阳斜照在河面上闪着粼粼的光，空气中浮动着潮滋滋的水汽与甜丝丝的母性光泽，浸润着记忆深处老不去的眼眸。

灯火里

夜幕低垂时的清江浦是烟火生活最旺盛的模样，也是最真情实意的时候。对一个白日穴居办公室的人来说，对夜晚的熟悉程度远胜白日，大概夜晚是一个人最易感心入怀的时候。

徜徉过许多城市的夜晚，北京城的夜辉煌浩大，上海的夜缤纷繁华，南京的夜浪漫斑斓，我居住的这个城市的夜是温和闲适的。一盏盏灯火亮起来的时候，城市氤氲在梦幻般的灯火里，像回忆的烟雾四起，晕染着清江浦，将一城人带回漕运鼎盛的那个时候。

夜晚亮灯的时候，大闸口一带灯火一片阑珊，历史在这里重重交叠，置身其中总有现实与历史的相融感，若隔世，若不在当下。白日是尘世的当下，夜下来的时候便可以小小出离一下，在清江浦的灯火里做一个梦，任光阴荏苒，任风流云散。大闸口这一带沉淀着太多历史人文，是往昔漕运辉煌的重要地理区域，最是令人怀想。思绪翩飞，念起"今人不见古时月，今月曾经照古人。古人今人若流水，共看明月皆如此"。这样说来，似是今人在所见所历上占了上风，但正因如此，今人如何对待历史便是重要课题。传承运河历史文化，保护与继承是基础，如何在历史遗存的背景上走得更好更远方显今人之才能。清江浦自古地理位置独特，是"九省通衢""南船北马"的要冲之地，受千年运河文化浸染，文化具有极强的黏性，在经济社会发展的今天，清江浦善用历史文化资源，用文化拥抱商业，呈现敦厚包容、温和韧性的城市气质，有着浓浓的人性温度，也提供一种独有的文化归属感，让文化触动人心、聚拢人气。

沿河行，且行且忆。河水日日沉静年年安闲，氤着经年的湿气与汗迹，生活的负累被河水稀释化解，似水波中的倒影，灯火映照中的里运河焕发多彩生机，漾漾微波里似倒映着昨日繁华。最爱走近御码头这一路的红灯笼，灯火深深的小街，幽静温暖，叫人有种沉溺感，想一直一直走下去，走回漕运鼎盛的年月。

走到里运河风光带的时候，华灯琉璃成串，倒映着绸缎般华丽的光彩，将心照亮。我居住在河边，闲时会来河边走走，多在晚间，总觉得一个城市如果宜居，夜晚的灯火一定是入心的。人生漫漫常有风雨来袭，心里需有一盏灯，照亮命途。华灯浸润着运河水，一河水仿佛穿上五彩服装。如果说白日里运河是从容安静的，夜

晚的里运河则是璀璨悦目的，一河水仿佛是一个替身，那些曾在运河边走过的人、发生过的事，都被这一河灯火带了回来。站在被灯光修饰一新的彩虹桥上看这一河灯火，河水亮晶晶地向着一个方向荡漾。"逝者如斯夫，不舍昼夜。"这一河水从时间深处浩荡而来，到了清江浦城这一段，风清水碧里潜隐着昔日辉煌。河水潮湿中蕴藏无限眷恋，挽留过北上的脚步，别具运河浪漫风情，而今是最让人神怡的一段运河美景。

夜晚的清江浦楼华彩灿烂，如从漕船上款款下来的艳丽的宫娥，散发夺目光彩，连倒影也华丽丽得叫人挪不开眼睛，夜晚尤胜白日，金灿灿地耸立着，庄严华彩。遥望远处，灯光仿若一个绝妙的画师，勾画出的常盈桥似玉肌冰骨的妙龄女子，与倒影连成一片，美不胜收。"运河三千里，最忆清江浦"镶于河边壮丽夺目，在灯光辉映下，水上水下连成一片，流光溢彩，彰示着一个城市蓬勃新生的活力。

在片片连绵铺展的灯火中与这个城市待在一起，看静静流淌的这一脉运河，看天际处隐约的轮廓线，看高低错落的楼群，看深巷中的人影灯影，这是一座深具历史感与生命感的城市，让人看到历史中的新生，繁华下的宁静，脆弱里的强韧，还有挥别历史辉煌后别开生面的重启。

（荣根妹）

四季诗韵清江浦

　　清江浦因水而名，淮运相济，川泽丰茂，人文阜盛。古代帝王、文人墨客邂逅了诗意的清江浦，用如椽巨笔将清江浦的四季勾勒在诗词韵律之中，在千年时空中给后人无限温存。

　　四序岁始，大地回春，人们把深深的偏爱给予了美好的春天，把诸多美好的词汇都给了春天并赋予了万般情思，也留下了无数脍炙人口的咏春、赞春、惜春的诗篇。清江浦四季分明，每当春天的脚步踏足这里，总会让江淮大地上这处福地明艳妩媚起来。

　　"簇簇淮阴市，竹楼缘岸上。好日起樯竿，乌飞惊五两。"千年前的大唐太和六年（832），年已六旬的刘禹锡由京中郎官再次前往南方，出任苏州刺史，在古淮阴停歇。正值初春，淮浦草木竞发的生机令诗人触景生情，遂模仿南朝乐府诗《长干行》自创《淮阴行》五首。第一首总写淮阴的街市风光和商船起航时的依依惜别之情。最后一首"隔浦望行船，头昂尾戄戄。无奈晚来时，清淮春浪软"写尽了伫立淮浦送别远人时的内心感受。

　　刘禹锡泊舟后将近千年，风雅天子乾隆皇帝也来到了清江浦边。清江浦美景足以让初见南方春色的乾隆爷诗兴大发。皇上巡视淮安，游历运河，吟诗作赋，好不风流快活。乾隆爷舟行浦绿，诗情绵长："春江凤舸驻沙滨，南国风情领略新。白鹤紫霄皆福地，枚皋赵蝦两词人。韶光喜不藏堤树，绿意看将漾汇蘋。迩日写怀多韵语，得无民事闲咨询。"

　　春雨阶湿，人声深巷，这般市井风情却又是行旅中的帝王或诗豪无法静心深情领略的。里运河边多小街巷落，早集夜市，商贾百货鳞次栉比，戏曲杂耍处处皆是。康熙二十五年（1686）早春的一日清晨，在清江浦东南不远的板闸任淮关监督的杜琳，来到清江大闸东南、运河南岸的花街，亲身感受这运河上著名的花街花市，慕名而作《花巷晓市》："曲巷深深一径斜，画楼高馆亦堪夸。溪头白舫添鲛客，门外青帘是酒家。人语雾边寻晓店，屐声雨后乱春沙。淮阴自古多遗市，不省年来只卖花。"如今，短短的花街东首依然青砖石板、花团锦簇。

　　从春明柳绿到姹紫嫣红的时节，步换景移的清江浦繁花似锦，处处芬芳怡人。在清江浦城区的"心脏"位置有一处花繁木盛、秀丽典雅的人文景致——清晏园。这里在历史上是河道总督、江南河道总督府署花园旧址，清末还一度是漕运总督驻地，历经沧桑巨变，如今这一方壶天，依然是浓缩清江浦历史与人文的重要地标。

　　清康熙年间，河道总督张鹏翮在清江浦为官多年，每年夏秋之季，他在处理公

务间隙，都要到府中花园池塘畔小憩。河署内本有几处小池塘，张鹏翮命人将其连成一体，池中植莲，以湖石、亭轩点缀。因水清泥肥，荷花长得非常茂盛，叶高逾丈，花以千计，还有并蒂而生、花朵颇大的瑞莲。当时张鹏翮父亲、兄弟、子孙欢聚一堂，张鹏翮也认为这池莲并蒂开花是吉兆，于是作《御书亭下莲池开并蒂花》组诗纪念此景。其一云："闲心定水足徘徊，喜见莲花并蒂开。为酿太和元气早，清香风送自天来。"其三云："碧池印月爱风凉，亭下荷花双绽香。喜动亲颜频叹赏，人间棣萼此联芳。"

到乾隆年间，总督高斌在荷花池边建"荷芳书院"，正是取这池中莲花"荷芳香远"之意。当然，"荷芳"谐音"河防"，也表示他始终不忘河防重任。莲池和荷芳书院后来成为河道总督府署清晏园的一部分，文士雅客慕名而来，一览曲院风荷的景致。清代大诗人袁枚特意从江南来游赏，挥毫留诗《留别荷芳书院》："尚书官舍即平泉，手辟清江十亩烟。池水绿添春雨后，门生来在百花前。吟诗白傅贪风月，问字侯芭感岁年。三日勾留千度醉，争教赋别不潸然。"

无论古今，炎炎夏日里，这心旷神怡的一池荷花总能为人们的心头带来一丝清凉，依然是清江浦夏日水韵的婀娜之处，令人神往。

"自古逢秋悲寂寥，我言秋日胜春朝。"淮安地处我国东部南北方分界线，作为淮安主城区的清江浦，对于四季的感知也更敏感一些。清风徐来，漫云舒卷，里运河边邂逅一轮明月，浮光掠影，斑斓摇曳，古淮河畔徜徉诗意浪漫。

苏轼一生宦海漂泊，却也一蓑烟雨任平生，人生境界与文学成就均为后世景仰。元丰八年（1085）六月，原本从黄州"半流放"的日子中解脱出来、计划隐居常州的苏轼被新帝宋哲宗任命为登州（今山东省蓬莱市）知州，九月在沿着大运河北上赴任途中，在淮运交汇处遇到强劲的北风，无法继续北上。在与淮安友人的宴乐中，苏轼触景生情，创作出这首《蝶恋花》："昨夜秋风来万里。月上屏帏，冷透人衣袂。有客抱衾愁不寐。那堪玉漏长如岁。　　羁舍留连归计未。梦断魂销，一枕相思泪。衣带渐宽无别意。新书报我添憔悴。"秋夜、秋风、秋月、秋冷、秋思的背后，是人生已近半百、新旧党争中仕途蹉跎、寄情山水又牵挂家人的秋日万端愁绪，万里秋风在异乡，万里家书心憔悴。

繁华易逝，宋韵久远。淮安大运河上迎来了南宋最后的"正气"文天祥。从宋金对峙开始，淮安便成了南北拉锯的战场，一直延续到元朝灭南宋，一百多年的战火倥偬，让这座运河名城屡遭磨难。这一年九月，文天祥被元军押解着从大运河北上经过淮安城和清江浦，看到秋风萧瑟中的古淮安，感慨写下："九月初二日，车马发淮安。行行重行行，天地何不宽。烟火无一家，荒草青漫漫。恍如泛沧海，身坐玻璃盘。时时逢北人，什伍扶征鞍。云我戍江南，当军身属官。北人适吴楚，所忧地少寒。江南有游子，风雪上燕山。"

岁月时光姗姗而行，不觉又到了年末岁首的深冬季节。地界南北、气韵长淮的淮安大运河两岸，水波清凌，霜挂枝头，树斜影疏。若是大雪纷飞，妆点两岸，更是晶莹粉黛，如诗如画。古代南来北往的文人墨客，邂逅这淮安运河的冬日美景，一出口便是锦绣诗歌，从悠远的历史长河中，吟咏至今。

大唐宝历二年（826）冬，54岁的刘禹锡在和州（今安徽和县）刺史任上，奉调回东都洛阳任职。同年，与其同岁的白居易因病罢苏州刺史，也乘舟北返洛阳，他们在途中相逢于扬州，一路沿着运河游赏唱和。两人结伴游历楚州（今淮安区），恰逢农历岁末，大雪初霁，淮冰欲开，刘禹锡写了一首《岁杪将发楚州呈乐天》赠给白居易："楚泽雪初霁，楚城春欲归。清淮变寒色，远树含清晖。原野已多思，风霜潜减威。与君同旅雁，北向刷毛衣。"白居易以一首《除日答梦得同发楚州》回赠："共作千里伴，俱为一郡回。岁阴中路尽，乡思先春来。山雪晚犹在，淮冰晴欲开。归轩吟可作，休恋主人杯。"楚州北上，淮浦萧瑟，寄托的是两位长期在政治上遭遇贬谪的政治家、大文豪和好朋友，面对冬尽春回的无限感慨和重归朝堂的个人抱负。

清江浦段大运河是宋金使节来往的必经之路。南宋乾道五年（1169）冬，南宋官员楼钥（1137—1213，字大防，今浙江宁波人）跟随舅舅汪大猷出使金国。

途经淮安大运河时，风卷清淮，雪遍郊丘，一片萧索；归来时，已是农历二月，杨柳青青，俗称"御沟"的汴河已经春意涌动。一首《北行雪中渡淮》悬响于史册："风卷清淮夜不休，晓惊急雪遍郊丘。坐令和气三边满，便觉胡尘万里收。瑟瑟江头辉玉节，萧萧马上点貂裘。归来风物浑相似，二月杨花绕御沟。"

清江浦岁月不居，里运河静静流淌。明清的清江浦面临着南侵的黄河这条狂怒无常的巨龙，默默述说着漕运重镇的兴衰宠辱。明朝鼎革，天崩地坼，学者顾炎武晚年定居华山脚下的陕西华阴，同定居清江浦的好友张弨依然保持着紧密的联系和深厚的友谊。张弨，字力臣，号亟斋，"通经博古，世其家学，专心六书，尤嗜金石文字"，后世称博古先生。顾炎武与张弨常书信往来，交流思想和研究成果，其学术名著《音学五书》等由张弨校勘并在淮安刊印面世。康熙十年（1671），淮安运河水旱，冬日农闲时，河道衙门组织淮上民工抢修黄河大堤。顾炎武寄诗给张弨，云："冬来寒更剧，淮堰比何如。遥忆张平子，孤灯正勘书。江山双鬓老，文字六朝余。愁绝无同调，蓬飘久索居。"淮上苍生寄托于黄河堤防，顾炎武书赠张弨感叹漂泊身世，虽冬日零落，而学术传之后世。

"无边风景芦花荡，九省通衢石码头。"清江浦的四季美景是千里大运河水韵的绝美篇章。清江浦泉石花木之胜，四时分明之景，虽历世事更迭，而繁华接踵，文脉流觞。

（罗志）

清江浦记

吴邗沟入淮处曰末口①，淮、泗水交汇处曰清口②，皆大运河穿淮涉黄之襟喉也③。连接末口与清口之淮河山阳湾之险④，向为往来舟楫之畏途。宋雍熙中，淮南转运使乔维岳辟沙河运河，创二斗门船闸，免风涛沉溺之患⑤。然历久而河淤闸废，船载复由末口盘坝以履险⑥，公私忧悭。

明永乐十三年，漕运总兵官陈瑄循沙河故道，自淮安城西管家湖凿渠，引水至清口对岸入淮，命名清江浦。上置四闸，清江闸即其一也⑦。复于清江闸南堤建常盈仓，中转漕粮，皇仓巨制，坚基厚广，凡七百间，以户部分司监之⑧；设清江督造船厂，修造八十卫所漕运舟船，厂域二十余里，年产五百余艘，以工部分司理之⑨。昔日濒淮旷土，转瞬为漕运中枢。是以清江浦两岸，五方辐辏，百货山列，酒肆旆联，街市栉比，贩夫走卒蚁聚，豪门巨室鳞次。清江浦，亦由运渠之名而为通埠之称矣。

明中叶以降，黄、淮、运频繁纠葛于清口上下，动关宸虑。河漕重臣，咸躬行而图治。既而河督建阃⑩，属官列署，牙节相招，俨如省会。当其盛时，夹河二十里，居民十万户，肩摩毂击，袂帷汗雨，南船北马，九省通衢，虽汉口、金陵不能过也。其间国帑挥洒如土，脂膏流于街衢，尤为清江浦之繁华，涂抹奢靡之色彩⑪。

清咸丰五年，黄河北徙，漕运易途⑫，旋遭捻军一炬，华屋尽为焦土⑬。然百足之虫，气息如缕，百年弹指，欣欣复苏，今更呈空前之盛况也。因为之铭曰：

寻踪顾影兮，比堪舆图。胜迹凋零兮，珍惜残余。

发幽阐微兮，彰我运都。抚铭温史兮，当惊世殊。

注：

①吴邗沟即淮扬运河前身。公元前486年，吴王夫差开邗沟，自扬州茱萸湾至淮安末口（今淮安河下北侧）入淮，然后由泗水北上争霸。

②淮水、泗水交汇于清口（也称泗口、淮泗口）。大清口位于杨庄附近，小清口位于码头镇西北。泗水为淮水的最大支流，也是重要的沟通南北的自然航道，后来成为大运河的组成部分。泗水源于山东泗水县，蜿蜒经徐州向东南历睢宁、古邳、宿迁、泗阳，至淮阴北入淮。

③黄河夺泗夺淮后，泗水在徐州以下的河床为黄河夺占。故在中运河开凿前，徐淮间运河实乃行于黄河中，而清口为其襟喉。

④淮泗水交汇处清口与邗沟入淮处末口间的淮河航道为一巨大弯道，史称山阳湾。这段航道地形复杂，水流湍急，向多舟船沉溺之患。

⑤ 公元 984—987 年，淮南转运使乔维岳为避开山阳湾之险，在山阳湾南侧开沙河运河，由末口至大清口对岸磨盘口入淮，并在磨盘口附近创建世界上最早的二斗门箱式船闸，免风涛百年之患。

⑥ 因为运河水位高、淮河水位低，所以末口向有堰坝，史称北辰堰。往来舟船至末口，必须将空船拖挽过坝，然后再上货上人，费时历险。

⑦ 明永乐十三年（1415），漕运总兵官陈瑄开清江浦河，于河上建移风、清江、福兴、新庄四道节制闸。今清江闸就是其中之一。

⑧ 常盈仓在清江闸以南，其中心位置大致在今城南体育场一带，可容纳漕粮150 万石，设户部分司监理，户部分司位于今清晏园。

⑨ 清江督造船厂分布于清江浦河南岸，东起版闸，西至韩城，延绵二十余里，以工部分司管理，分司署在清江闸南侧，旧有工部街。

⑩ 闑：高级军职办公场所的门槛，此借指河道总督府。因为河道总督领有军队，故亦称河帅。

⑪ 黄钧宰《金壶七墨·河工》载，驻节清江浦的河道总督衙门奢靡无度，肆意挥霍国库银两、人民血汗，"脂膏流于街衢，珍异集于胡越"。

⑫《清史稿·河渠志·运河》载，清咸丰五年（1855）黄河北徙，运河十余年梗塞不通，漕运转海运。

⑬ 咸丰十年（1860），捻军攻克清江浦，烧毁所有衙门和豪门大宅，清江浦从此元气大伤，几乎一蹶不振。

（荀德麟）

御码头记

万历十七年（1589年），总理河漕潘季驯于清江闸北侧建越闸、开越河，北偏而治石码头。康乾二帝，数南巡至此察水情、观民风，故名曰御码头。独立御码头，四时之景迥异，眺览里运河，千里之色巧夺。春来翠柳堤烟、岸长水阔，惟见南船徐来、千帆如云；秋则长河依痕、水木明瑟，只闻北马疾去、蹄声如歌；夏日弦歌不辍、漕舟联翩，常记解囊沽酒、作欢而别；雪落则银装素裹、问古寻梅，幽念霜瓦寒禽、香凝室暖。御码头遂为南船北马、舍舟登陆之地，旋有"九省通衢"之誉。

人事代谢，风貌日非。此地承明清厚彩之盛运，集千年运河之毓琇，以块然珠玉秀其硕，以烟火市声显于相。清江大闸，六百载水击石砖；绞关行舟，数十壮汉立潮前。息澜以维帆，扬波而惊寒。披风沐雨，未改流年之苍颜；斗转星移，难撼磐坚而肖然。近岸清真寺三百春古木凌霄，老枝花燃；五百秋古井映月，清泉水冽。又有仁慈医院秉仁义之帜，斗瘟疫，送良药，拯民于危厄之中。诸般流风遗韵，历千年而不衰。经年有日，政擎"保护、传承、利用"之长策，缮遗迹，复其肌理，陈新源，标其气质。今廊榭兰轩、萦带回还，不逊水绕千家市；店铺挨立、帘幌招摇，不逊商贾聚百舟。加之历史遗存，与美食甘醴、咖啡苦津、书店音乐相映成趣，何逊昔年之华彩。

　　时日正佳，晓风和畅，御码头花光似颊，青石楼船，石桥流水，会食如织。良宴具陈，饮长城内外之酒醴；佳美罗列，迎天南海北之宾客。玉壶一春酒，淮白三秋鱼。美食之趣，宾客之乐，亦饮亦歌，不可名状。更有书斋幽地，供心栖神安。嗜书者，书斋案前思接千载；聆音者，黑胶厅内心会中外。浸于书，悦于乐，取一隅宁静以自洽，得片刻独处而怡怅。恍兮惚兮，顿有前世运河之孤旅，悠兮澹兮，倏无今生长街之羁行。水舟风送，人至佳丽之地；日暖香温，情留桑梓之河。居泊岸，低窗曲槛，灯影临水，乐声清远，相向品茗，有武陵世外之想，何能及哉。解急网红地，亦有别样天。园门廊拱，交响盘桓于槽间，殊觉此身不知当置何所。亦可娃娃井旁听传奇，运河声里倚斜阳，至若星斗渐稀，水气横白，辄醉卧酣眠花间堂，青石留痕月影香。倾情领略，味在其中，释怀者解人，行旅者宽心。

　　御码头得天独孕，踵事增华，连古通今，存历史而润今朝，彰古意而含时尚。复运河之文化，成盛世之太平，为业态流变之吉壤、市民定闲之麾帜，乃百里画廊点睛传神之笔。是为记。

（沙立卫）

最忆清江浦

八

一方水土养一方人，人杰地灵的清江浦孕育了众多的名人名家。在清江浦的名人中，有秦汉时期震古烁今的大军事家韩信，有汉赋大家枚乘，有宋代大诗人张耒，有明代进士石渠，有清初的金石大家张弨，还有闻名于世的诺贝尔文学奖获得者赛珍珠，戏剧家陈白尘，京剧艺术大师王瑶卿、周信芳、宋长荣，周恩来总理童年时也在清江浦度过了小学（私塾）时光，他们以卓越的才华点亮清江浦，永远定格在清江浦历史的长卷上。站在历史的印记上，回忆清江浦漫长而激动人心的往事，听着那些既新奇而又朴实的民间故事，不知道有多少自豪和自信、光荣与感动，引发了多少期待与梦想，运河三千里，最忆清江浦！

故居

李更生故居 李更生（1883—1927），名荃，字亘孙（更生），现代教育事业的早期开拓者和实践家，爱国教育家。民国元年（1912）秋任江苏省立第六师范学监，1917年秋任省立扬州第八中学校长，鼎力革新，为国内教育界所瞩目。李更生先生还在淮阴创办私立成志中学，培植人才。他热心于教育救国的爱国行动得到毛泽东的高度评价。

李更生故居位于清江浦区淮阴中学北院内，是一处古朴典雅、富有民国特色的院落。在李更生逝世60周年之际，淮阴市政府修复了他的故居。故居面南而坐，前后四进，青砖灰瓦，格调素雅。主堂屋内陈列着反映李更生执教一生、坎坷奋进事迹的图片。陈列柜内存有新出版的《李更生纪念文集》，收集了李更生先生遗文及事迹介绍等，还有李更生子女与海内外弟子充满感情的缅怀文章。故居每年都会吸引国内外学子与研究者前来观瞻。

王瑶卿祖居　　王瑶卿祖居位于清江浦区西大街之南的火星庙街。王瑶卿，1881年生于北京，祖籍淮安清江浦，京剧表演艺术家、教育家，被誉为京剧界"通天教主"。1949年，被任命为戏曲改进委员会委员、戏曲实验学校教授。1950年，当选为北京市文学艺术工作者联合会理事。1951年，任中国戏曲学校校长。在1952年举行的第一届全国戏曲观摩演出大会上，获得了荣誉奖，同年当选为中国文学艺术界联合会委员。

　　王瑶卿房屋几易其主，到2003年3月被公布为淮安市文物保护单位时，仅剩一处坐北朝南的三间平房小屋，面积总共不足50平方米。因王瑶卿祖居被列为文物，屋主不能随意改建，到移建前已经屡经修补，破败不堪，难以住人。在那处百年旧屋被定为市级保护文物的当年，人民小学出于学校扩建的统一规划考虑，需要将其北移约50米。市政府认同该校的扩建规划后，按照市级文物保护单位的移建规定，特具报告向省政府请示。省政府接文后委派省文物局两位专家来到淮安，现场对人民小学的移建方案进行论证并表示满意，之后省政府下文淮安市人民政府，明确同意移建。2004年10月，原王瑶卿祖居在淮安市人民小学校园扩建时移建至人民小学校园内。

　　如果有一天，你想感受沉淀于运河深处的戏曲文化的风韵魅力，一定要来这里走一走。来到这里，也许已是万盏灯火的夜晚，意兴蹒跚间时空闪回折叠，阑珊灯火处似立着一个人，青衣娉婷，衣袂翻飞，咿咿呀呀唱着永未消逝的东方国粹。唱功遒劲娴熟，京韵悠长，如风搅雪，在清江浦城内回旋往复、荡气回肠。王瑶卿祖居就是这样一处可以将记忆的思绪缠绕于京剧之魂的所在。汤汤淮水不倦流逝，被誉为"通天教主"的王瑶卿溯流而上继承前人丰厚的戏曲学养，包容兼蓄中又开梅兰芳变革青衣的历史先河，将青衣、花旦、武旦融合一体，开创"花衫"行当，在

唱腔、表演、服装、化妆等方面均进行大胆改革，堪称戏曲界的革新先驱。王瑶卿祖居与周边环境自然形成具有浓郁文化特色的历史文化教育场所，是集旅游、文化与教育活动于一体的艺术教育基地。

周信芳故居　　周信芳（1895—1975），京剧艺术大师，麒派创始人。文渠西侧虹桥里 59 号，一处仿古院落里常常传出阵阵优雅的京腔京韵，紫漆大门上方，"周信芳故居"五个鎏金大字熠熠生辉。周信芳祖籍浙江慈溪，其父亲周慰堂随戏班子来到清江浦，后来与淮安人许氏结婚，居住于虹桥附近毗卢庵东侧小屋。1895 年 1 月 14 日，周信芳出生于此，自幼接受京剧启蒙教育，转益多师，博采众长，成为享誉四海的京剧表演艺术大师，创立了独树一帜的麒派艺术体系。

周信芳故居是一处古朴典雅的小院落，院前左右两侧是碧绿茂盛的芭蕉树，如同周信芳所创麒派京剧艺术的蓬蓬勃勃。门外风景万千，小桥流水，绿树四合。从不大的院门走进来，又别有一番风景。门内庭院两侧是姹紫嫣红的花坛，香气浓郁，韵满梨园。正厅雕梁画栋，窗明几净，挂满了周信芳的剧照。院内左侧是"麒麟亭"，沐浴青砖灰瓦中。最吸引人的是一座红色戏台，端坐台下，台上的戏仿佛已经开场。周先生字正腔圆，刚劲激昂地在唱"湛湛青天不可欺，未曾起意神先知。善恶到头终有报，且看来早与来迟"。先生一生演尽舞台精彩，也演尽生命精彩。

这里是各地京剧艺术爱好者交流切磋、弘扬京剧艺术的小天地。正如故居大门两旁对联所云：学大师风范振兴京剧，承麒派艺术弘扬国粹。

郎静山故居　　郎静山，祖籍浙江兰溪游埠，1892 年出生于清江浦，1995 年逝世于台北。郎静山是中国最早的新闻摄影记者之一，是享誉世界的摄影大师。1926年发起成立了上海中华摄影学社，这是中国早期较有影响的摄影社团。1930 年在上海松江女子中学开设摄影课，开创了中国摄影教育之先河。

被邻里称为"郎公馆"的郎静山故居位于清江浦都天庙前巷 27-5 号，大门朝东，其北侧紧邻文会庵，总占地面积 800 平方米，内有青砖小瓦的房屋 9 间，建筑面积 300 平方米。郎静山 12 岁时从清江浦到上海南洋中学读书，从此离开清江浦。经过地方文物部门保护性修缮，故居陈列了部分郎静山摄影作品，已成为国内外摄影艺术爱好者必到的打卡地。

光影人生

喜欢这个精致的院落，每次走进来心会慢慢静下来。这是都天庙街前巷一处古朴的清式建筑，门楣上书"郎静山故居"。这么些年，去过许多处名人故居，一座房子与一位逝去的人之间究竟有着怎样的关联？我们总说逝去人犹在，犹在的是留存于天地之间的一脉精神魂魄，而作为物质的建筑往往长于一个人的肉体生命。逝者已矣，生者的怀思还需寄托，故居便最适合追思缅怀。院内三进主屋、九间厢房，花草枝蔓，竹木清疏，像风骨粼粼的这个人。

这是一个清雅秀丽的院落，墙上一帧帧照片定格了一个个难忘的瞬间，正如摄影大师布列松所说，"摄影是决定性瞬间"。多么精粹的表述，就像生命的记忆里，呈现的总是一幅幅定格的画面。这个画面在时间之外，事情之外，也许只是意念中的一个决定性瞬间，这个瞬间完全是感性化的，凝聚了深思想想，绵长、蕴藉、多义而丰富，像这里陈列着的一幅幅摄影作品。这些作品记录着一个人的百年光阴，也讲述着他的艺术人生。1892 年，郎静山生于清江浦。无论是清江浦之于郎静山，还是郎静山之于清江浦，都是浓浓的百年情缘。这缘分展开是一幅长长的摄影艺术画卷。一生一事，郎静山一生以摄影艺术为志业，以中国画理论创造出集锦照相法，使中国国画艺术与西洋摄影科技融为一体，作品表现气韵生动、意境高超、风格独特。这里陈列着郎静山不同时期的作品，一路看过来，仿佛看了一路的风景，沾了一路的花香蝶影。作品背后的那个人似乎一直都在，仍旧一袭长衫飘逸出风尘，不时回首的眼眸深处是对故乡的念念不忘。

（荣根妹）

程莘农故居　程莘农（1921—2015），原名希伊，号莘农，淮安市清江浦人。中医针灸大家，联合国教科文组织人类非物质文化遗产代表名录"中医针灸"的代表性传承人。程莘农 1939 年起从事中医临床工作，1947 年成为民国考试院考试合格中医师。后于 1956 年毕业于江苏省中医进修学校本科班，1978 年晋升教授，1994 年当选为中国工程院院士。1998 年 9 月 8 日，被聘任为中央文史研究馆馆员。2000 年，为中国中医研究院名誉院长。程莘农长期从事针灸临床、教学工作，深谙传统中医针灸理论，特别是对偏瘫、高血压、面瘫、坐骨神经痛、功能性子宫出血等疾病的研究和治疗达到国际先进水平，在经络理论研究方面取得重大成果。重要著述有《难经概述》《难经语释》《中国针灸学概要》《针灸精义》，主编《简明针灸学》《中国针灸学》等。

程莘农诲人不倦，培养了一大批针灸界的后起之秀，是中国针灸教育培训事业的开拓者之一，在针灸临床、教学、科研以及国际合作与传播方面取得了极为丰硕的成果，是德高望重的中医针灸大家，为中医针灸的传承、发展、创新做出了突出贡献。

程莘农的故居原来在东长街 232 号。2008 年以后，因旧城改造，东长街区域的程莘农故居被拆迁，后重建于原越河北侧、新清江浦楼东北方。重建的程莘农故居占地面积约 600 平方米（包括亭院），坐北朝南，有三进青砖小瓦房屋，前屋正中有程莘农塑像及简介；堂屋是针灸历史展馆；后排房屋为程莘农中医针灸成就及其中医世家传承情况的展示厅，还展陈了程莘农的多幅墨宝，让人大开眼界。故居东侧是宽敞雅致的庭院，草木茂盛，郁郁葱葱，非常幽静。

故
人

韩信（？—前196）　　秦汉时期淮阴县下乡南昌亭（今江苏淮安清江浦区）人，西汉开国功臣、著名军事家，与萧何、张良并列为"兴汉三杰"。韩信出身平民，年少时家境贫寒，曾寄人篱下，受胯下之辱。秦末农民起义爆发后，韩信先投靠项梁、项羽，后投靠刘邦，均不被重用。刘邦入汉中时，韩信感到前途无望，遂离开，但被萧何连夜追回，并推荐给刘邦。由此刘邦筑坛拜韩信为大将，开启了四年的楚汉战争。公元前206年，韩信献计，刘邦平定三秦。之后，韩信以其杰出的军事才能横扫魏、赵、代、燕、齐诸国，并数次兵援刘邦。在蒲坂之战中，他声东击西一举拿下魏都安邑；井陉之战时，他指挥全军背水一战，大破数倍于汉军的赵军；潍水之战，他水淹齐楚联军。公元前202年的垓下之战，韩信诱敌深入，围困并彻底击溃项羽军，项羽自刎于乌江。战后，韩信由齐王徙封为楚王；公元前201年，又被贬为淮阴侯；公元前196年，因被舍人告发参与陈豨谋反，被吕后杀死于长乐宫，并被诛三族。

　　韩信擅长治军，用兵如神，善于指挥大兵团作战，是秦汉之际的一流军事家，被明人茅坤赞为"兵仙"。

枚乘、枚皋　　枚乘（？—前140），字叔，淮阴县人，西汉著名辞赋家。枚乘初为吴王刘濞郎中，吴王有叛心，枚乘上书谏劝，吴王不听，于是枚乘投奔梁孝王刘武。汉景帝时，吴王主使六国谋反，枚乘又上书劝阻，吴王仍然不听他的劝告，最后兵败身死。枚乘也因两谏吴王而知名。"七国之乱"平定后，景帝拜他为弘农都尉，他不愿做郡吏，称病离职，复游于梁，为梁王的文学侍从。梁王的客卿皆善辞赋，而枚乘的造诣最高。梁王死后，枚乘回到淮阴故里。武帝即位，慕其文名，以"安车蒲轮"接他入京，枚乘因年事已高，殁于途中。枚乘擅长辞赋，《汉书·艺文志》著录其赋9篇，今存3篇，以《七发》为代表之作。枚乘有一子枚皋（约前156—？），17岁时上书梁共王，被召为郎，后因罪亡命长安。汉武帝对他的辞赋才华大为赞赏，枚皋被拜为郎，曾出使匈奴，后长期为汉武帝文学侍从。枚皋以文思敏捷著称，《汉书·艺文志》著录其辞赋120多篇。

张耒（1054—1114） 楚州淮阴人，字文潜，号柯山，人称宛丘先生，北宋著名文学家，"苏门四学士"之一。张耒早年曾经从学于苏轼，宋神宗熙宁年间中进士，历任临淮主簿、著作郎、史馆检讨、润州知州、太常少卿等官职，后遭贬谪，晚年定居陈州（今河南周口淮阳区）。张耒诗学白居易、张籍，平易舒坦，不尚雕琢，其词作流传很少，语言香浓婉约，风格与柳永、秦观相近。张耒诗今存2300余首，诗文集有《柯山集》《宛丘集》，其词作被后世辑为《柯山诗余》。

石渠（1438—？） 字翰卿，清江浦人。明成化二年（1466）进士，被授刑部主事。在任山东按察使佥事期间，他"分巡辽海东宁道"，"按究官吏，抚恤军民，边境肃然"，有很高的威信。成化十九年（1483），山东大饥，他奉命籴江南谷米，当时扬子江大风浪，"舟几覆人"，他"为数百万民命"，临危不惧，受到朝野赞赏。又迁刑部按察使，他仔细审查重刑囚犯，每天都有受刑人员被平反。后因受到当权者的忌恨、倾轧，他拂袖去，恂恂然归隐乡里，乡邻中没有人知道他曾是显达的朝廷官员。

张弨（1625—1694） 字力臣，号亟斋，山阳县清江浦人，清初著名金石、碑刻学家。张弨有深厚的家学渊源，其父张致中，崇祯朝拔贡，家藏图书甚富。明亡后遂弃科举而不仕，入清数十载，"通经博古，世其家学，专心六书，尤嗜金石文字"，为顾炎武、潘耒、朱彝尊等学者称赞。张弨对书画亦有精深研究，晚年以书画为业，花鸟有徐渭、陈道复风，书法真、草、隶、篆俱入妙品，为顾炎武所折服。张弨的金石学著述多有散逸，今存《昭陵六骏赞辨》《瘗鹤铭辨》《济州学碑释文》《汉隶字源校本》等著述传世。

吴一清 生卒年不详，字太一，清江浦人，清顺治十四年（1657）举人。史载其天赋很高，读书过目不忘。诗文格调高古，然不轻易落笔。曾编选《古文百篇》，被学者奉为典范读本。

范冕及"淮阴三范"　　范冕（1841—1923），字少城，又字丹林，晚年更"林"为"棱"，清末民初淮阴县（今淮安市清江浦区）人，是近代著名诗人、学者、制谜专家。他幼年聪颖，曾就试于丽正书院，数千人中拔得头筹，一时声名大噪，学者丁晏等称许备至。同治十二年（1873）拔贡，后屡试不第。范冕除精于制艺（八股文）外，还善作诗文，但认为诗文很难超越前人，故着意于制作谜语。他的谜语利用"经史百家之书，与训诂通转之道"，故"渊雅难解，一旦揭白，咸浑若天成"。他终身在忧患之中，独力抚养教育范家尉曾、绍曾、希曾三个孙子成人，且三人均成为出色人才。范冕还著述不辍，著有《清河续志余稿》2卷、《尚书杂论》1卷、《左传隽林》4卷、《淮韵略》5卷、《联存》1卷、《集谚联》1卷、《古赋》1卷、《律赋》1卷、《杂文》6卷、《杂诗》4卷、《制义》10卷、《试帖诗》6卷、《范氏家训》4卷、《范氏隐书》10卷等。晚年任《续纂清河县志》总纂，又著《淮阴近事录》2卷。

范冕的三个孙子，即被时流称为"淮阴三范"的范尉曾、范绍曾、范希曾三兄弟。三人皆博学、强记、多能，陆续毕业于国立南京高等师范，颇负时望。国学大师柳诒徵盛赞"淮阴三范，以绩学闻于南雍"。

范尉曾（1894—1960），字耕研，号冠东，治周秦诸子，著作有《周易诂辞》《国学常识》《蠹观斋读书随笔》等。

范绍曾（1897—1953），字农研，功物理、化学，曾任教于江苏省立第六师范学校（淮阴中学前身）。

淮阴中学的校史记录：1914年，学校名为江苏省立第六师范学校；1928年，更名为江苏大学区立淮阴中学。范绍曾，1917届校友，1938—1947年任学校校长。坚持敌后办学，创下淮阴教育史光辉一页。

范希曾（1899—1930），字耒研。受聘于南京国学图书馆，潜心目录校雠学，手猎目耕，究极要杪。著有《书目答问补正》5卷，指导治学门径，深得学人推崇。他体弱多病，卒年仅31岁。

赛珍珠（1892—1973）　　原名珀尔·S.布克（Pearl S. Buck），美国作家和社会活动家，1938年诺贝尔文学奖获得者。1892年6月26日，赛珍珠出生于美国西弗吉尼亚州，4个月后，被身为传教士的双亲带到中国。先后在淮安清江浦、镇江、宿州、南京、庐山等地生活和工作了近40年，其中，她3年的婴幼儿时光是在清江浦度过的。可以说，她的中国文化的启蒙是从清江浦开始的。

赛珍珠 1923 年写出了早期作品《也在中国》，此后便屡屡有作品发表。1938 年，赛珍珠凭借史诗般描述中国农民生活的小说《大地》，荣获诺贝尔文学奖。1939 年，她接连出版了长篇小说《爱国者》、剧本《光明飞到中国》、散文集《中国的小说》。1940 年获得西弗吉尼亚大学文学博士学位。1942 年 3 月，应美国之音、英国 BBC 电台之邀，用汉语介绍中国人民的抗日战争，支持中国抗战。

1973 年 3 月 6 日，赛珍珠逝世于美国佛蒙特州丹比城，享年 81 岁，骨灰安葬在宾夕法尼亚州费城郊区的青山农场，墓碑上只刻有她生前自己设计的三个小篆汉字：赛珍珠。

陈白尘（1908—1994）　　中国现代著名剧作家、小说家。1908 年 3 月 2 日，陈白尘出生于清江浦十里长街东段水渡口的一户小商人家庭。陈白尘的母亲是一个勤勉操持家中事务的"女强人"，还会讲古书，包括《三国演义》《西游记》《水浒传》等。他入读私塾期间，熟读《大学》《中庸》《论语》，奠定了厚实的国学基础，为今后走上文学道路打下了坚实基础。

20 世纪 30 年代到 80 年代，陈白尘共写了话剧及电影剧本 50 多部，其中包括历史剧、悲剧、喜剧等，而成就最大的是讽刺喜剧。因笔法犀利幽默的讽刺喜剧《升官图》（1945）以及根据鲁迅原著改编的《阿 Q 正传》（1980）等剧作，陈白尘被誉为"中国的果戈理"，确立了在中国现代戏剧史上的重要地位。

新中国成立后，陈白尘当选为上海市戏剧电影工作者协会主席，又被任命为上海电影制片厂艺术委员会主任、上海市文化局艺术处处长、上海市文联常务理事兼秘书长。1957 年任《人民文学》副主编。在此期间，创作了多部独幕喜剧及电影剧本。改革开放后，受聘为南京大学中文系主任、教授、博导，当选中国文联委员、中国作协理事、中国戏剧家协会副主席、江苏省文联及省作协名誉主席、江苏省政协常委、全国政协委员，并再一次进入创作丰收期。

1994 年 5 月 28 日，陈白尘病逝，享年 86 岁。

谢冰岩（1909—2006）　　书法家，杰出的新闻和新闻教育工作者。他自幼受到良好的书法、绘画等美学教育，吸收宋、明、清书家之长，擅书行、楷，作品优雅从容、活力四射。谢冰岩的书法以"二王"和欧阳（询）米（芾）董（其昌）为根基，注重法度，不断创新，风格自然飘逸、收放自如、气韵生动，强调节奏、韵律的和谐，推崇变化，随意而不随便，他是造诣深厚的现代书法大家。

1930年4月，谢冰岩在白色恐怖下毅然加入中国共产党。同年10月，因散发传单、宣传革命，遭到国民党反动派逮捕，被判刑15年。西安事变后被营救出狱，接着又参加新四军，在抗日根据地和解放区从事党的新闻工作，是我党新闻工作的先驱之一。曾先后担任过《江淮日报》、《新华报》、新四军《无线电讯》的编辑、编辑主任，新华社华东分社、华中新华通讯社、新华日报社、长江日报社的秘书长、副社长等职。

1982年，中国书法家协会成立，谢冰岩与启功等几位著名书法家同为发起人和组织者。中国书协成立后，谢冰岩担任第一届和第二届常务理事，兼任《中国书法》杂志主编、顾问。曾获得2001年中国书法家协会"中国书法艺术特别贡献奖"。

谢冰岩为人谦和、豁达开朗、淡泊名利。2006年7月24日，在北京逝世，享年97岁。

程博公（1911—1994）　　　　号十八龄童，字无恨，晚号夕睿，江苏省书法家协会会员，淮安地方书法、篆刻名家。1911年9月17日，程博公出生于沈阳，8岁时随清江浦的外祖父王崇悌学习书法篆刻。王崇悌师法吴昌硕、赵之谦、邓石如等书法篆刻名家，擅长真、草、隶、篆，尤擅隶篆，其书法技艺深深影响了程博公。程博公原名程公博，与大汉奸陈公博姓名读音相近，后在苏皖边区政府主席李一氓的点拨下，将名字后两字对调改为程博公。

程博公早年对《张迁碑》《曹全碑》《礼器碑》用功颇深，并着力于《石鼓文》《秦绍版》《散氏盘》，旁涉北碑《张猛龙碑》《张黑女碑》，对伊秉绶、吴昌硕、邓散木亦有偏好。他的书法作品古意盎然、端庄质朴、大气磅礴、清气逼人。程博公不仅在书法上造诣极高，其篆刻才华也是冠绝淮上。他的篆刻作品很多，其中"盱眙十景"最是脍炙人口。这些篆刻作品体现了他刀法雄奇、线条纤巧、法度精绝的艺术风格，妙趣天成，令人赞叹。程博公曾补写清江浦大闸口若飞桥石碑上的"桥"字，颇为淮上名家称道，由此亦可看出其书法艺术功力的深厚。

程博公一直关心培养后学，曾举办过书法篆刻学习班若干期，培养了许多学生。他对青年学子循循善诱，倾囊相授，帮助指导许多青少年走上了书法、篆刻艺术之路。他的一些学生已经成为淮安书坛的实力中坚。

程博公一生坎坷，命运多舛，但他诚恳朴实，勤奋精研，在清江浦名望极高。1994年10月30日，程博公与世长辞，享年84岁。

谢铁骊（1925—2015）　　中国著名导演、编剧，1925 年 12 月 27 日出生在清江浦官园坊。1931 年，入私塾。1940 年 9 月，跟随长兄谢冰岩参加革命，进入新四军淮海军政干部学校学习。1941 年春天，又从干校毕业分配到淮海剧社当演员，从此与戏剧、电影结下了不解之缘。

1945 年，谢铁骊第一次看电影。同年 10 月，任新四军淮海新十旅文工队队长。1948 年 2 月，调入文化部电影局。1956 年调入北京电影制片厂任导演，1959 年第一次独立导演影片《无名岛》。1963 年，谢铁骊执导的电影《早春二月》获得第 12 届葡萄牙菲格拉达福兹国际电影节评委会奖。1980 年执导的战争电影《今夜星光灿烂》，获得了第一届中国电影金鸡奖最佳导演的入围提名。1988 年，谢铁骊凭借《红楼梦》获得第 10 届中国电影金鸡奖最佳导演奖。1998 年 8 月，当选为中国电影家协会主席。2005 年，获得第 25 届中国电影金鸡奖终身成就奖。

在同时代的电影导演中，谢铁骊视野广阔、学养丰富、艺术手法多样且擅长编剧，既能再现剧烈的社会变动，展现重大历史题材和现实生活题材，又能深入揭示人物内心世界的深刻变化。他要求作品的人物、情节、环境乃至细节都符合生活的本来，严格按照人物性格逻辑和客观事物发展逻辑演绎剧情，是一位杰出的现实主义导演。

2015 年 6 月 19 日，谢铁骊逝世，享年 90 岁。

宋长荣（1935—2022）　　曾用名宋宝光，出生于沭阳县，演艺事业与日常生活主要在清江浦。国家一级演员，"四大名旦"之一荀慧生的传人。在半个多世纪的舞台生涯中，宋长荣先后主演过 70 多出传统和现代剧目，尤以《红娘》一剧蜚声海内外。曾多次进京、两次赴香港和台湾地区演出，还出国赴加拿大交流演出，被

世人誉为"活红娘"。他主演的《金玉奴》《红楼二尤》《霍小玉》《鱼藻宫》等，先后被拍成电影、电视剧。著有《活红娘宋长荣自述》《我演红娘》《艺术的生命在于不断创新》《白莲与柳絮》等。宋长荣唱腔柔媚，声情动人，演技独到。法国国家科研中心曾派摄制组专程来华，拍摄其艺术与生活的纪录片，该片在法国引起热烈反响，为我国民族艺术赢得了荣誉。

宋长荣长期担任江苏省淮阴京剧团副团长、团长、名誉团长，还曾担任江苏省人大代表，省剧协副主席，淮安市文联副主席，淮安市人大常委，中国京剧优秀青年演员研究生班导师，中国戏曲学院客座教授，江苏省长荣京剧院名誉院长。1990年，李瑞环同志为宋长荣题词"荀艺长荣"。2005年，在宋长荣从艺55周年之际，朱镕基同志特地为他题词："艺精于勤传扬了荀派，行成于思演活了红娘。"2006年，宋长荣在美国第六届中国京剧艺术节上荣获亚洲杰出艺术家终身艺术成就奖。

2022年12月16日，宋长荣在清江浦去世，享年87岁。

往事

站在清江浦历史的印记上

清江浦，六百年的历史，河流般流淌在这片厚实的土地上。

时光轮转，悠悠兴衰的变迁，在这些古老的街巷和青砖灰瓦里潮湿。沿着一条悠远的曲线，我们行走于清江浦古老的印记之中，感受静幽凝沉的清江浦文化，抚摸沧桑的胎记，你会发现，这些难以抹去的记忆，会一遍又一遍地撞击着我们的内心。

清江浦的文物遗存，不完全统计有130处，其中我们耳熟能详的有清江文庙、河道总督府、苏皖边区政府旧址、王瑶卿祖居、郎静山故居、关帝庙、清江大闸、都天庙、斗姥宫、韩母墓、韩城遗址等，他们就像一颗颗珍珠镶嵌在清江浦的苍穹之下、沃土之上，他们以一种独特大美的风姿傲立于世，用散发光芒的躯体向世人传达生命的意义所在。

沿着运河，这条从吴王邗沟而来的河流，这条载着隋唐烟花的河流，这条贯穿南北、商贾往来的河流，带给我们无数的遐想神思，南船北马、舍舟登陆，将北来的彪悍挡在运河之北，留在马鞍之上，把南来的婉约柔情酣眠于花街的馆舍灯红里。运河把"东南第一州"的美誉定格在淮安，使淮安、扬州、苏州、杭州四座繁华的城市紧紧地连在一起，形成了地杰人灵、烟花照水、园林独绝、丝绸流云的景象，行一段运河，观一路风景，心在浪花中，情系柳丝上。

探幽运河一定要走一走清江闸。清江大闸位于运河的主航道上，国师塔的西北侧，其主要功用是控制里运河的流量和调节水位。据说正闸水流湍急，波浪很大，清江大闸可以缓解流速极快的河水，使漕运往来粮船、贸易之舟顺利通过，完成舍舟登陆之旅，是船帆浩荡的咽喉要道。闻说每年运粮时节，千里碧波之上，万艘漕船绵亘数里，逶迤前行，蔚为壮观。这种流动在运河之上的商业都市，使清江浦立体的盛景完美地矗立在我们心中，让清江浦的水韵排闼而出，不急不缓，张弛有度，把"南船北马"深深镌刻在历史的石堤上。

大闸上有一座桥，叫若飞桥。淮安的桥很多，这座桥却有些特别，它是清江大闸的一部分，之所以要提到这座桥，是因为它以一个人的名字命名，这个人就是革命先驱、著名的"四八"烈士之一的王若飞。1946年4月8日，参加重庆谈判的王若飞坐飞机前往延安，不幸遭遇空难，50岁的年轻生命从此留在中国革命的历史

上，成为一个伤痛。1946年苏皖边区政府为了纪念王若飞同志，将清江大闸上的桥改名为若飞桥。1987年9月24日，若飞桥被淮阴市人民政府公布为第一批文物保护单位。如果你经过这里，一定会看到掩映在树木间的墨绿色的"若飞桥"石刻标志，每次经过时我总要默默地多看几眼，默默地追想那些为新中国抛头颅、洒热血的革命先驱们。

一过若飞桥，就到了远近闻名的花街。花街可是当年漕运盛象的见证者，当年南来北往的达官显贵、富贾大咖们在大闸登岸，进入繁华喧闹的花街品茶歇闲，眼迷花灯间，醉舞青石上，采一朵宫廷绢花，听一曲俚间小曲，怡然自得，好生快活，只把那花街弄得灯火辉煌，彻夜无眠。私家花园，幽香满院，假山峨立，朱窗洒月；万和茶楼，长壶倾杯，茶色诱人，品茗论道；花艺作坊，绢丝轻舞，绣娘飞针，巧夺天工；老靳杂货，品样齐全，来往顾客，各取所需。所有这些印记只能在想象中呈现，今日的花街，已不足一里，从这头能看到那头，昔日盛景已然不在，唯有一些遗存的灰瓦字号，还在诉说当年功过是非。我们怀念花街，多少还是因为过去的种种，我们钟情花街，是因为过去的种种已无法重现。

追溯历史，要移步穿越到明朝，慈云庵始建于明万历四十三年（1615）。清顺治十五年（1658），清世祖福临召当时的武康名僧玉琳进京。玉琳法师精通佛法妙义，清世祖好佛，经常聆听他讲经说法，曾慨叹相见恨晚，特赐号"大觉

禅师"，后又晋封"大觉普济能仁国师"，名闻一时。康熙十四年（1675），已
近垂暮之年的玉琳国师只身云游南下，挂单于淮安府——慈云庵，也许是玉琳国师
和淮安有佛缘吧，八月十日他说偈后跌坐而逝，为佛法作了最后一次布施。现在
立在运河边的国师塔，就是为纪念这位得道高僧玉琳国师而建的。雍正十三年
（1735），清世宗以清江浦慈云庵为大觉圆寂之所，诏拨淮关银照大丛林式兴
建，钦赐"慈云禅寺"匾额，改庵为寺，至乾隆四年（1739）大功告成。建有
钟、鼓二楼，东、西牌楼，殿院前后五进，依次为山门殿、金刚殿、大雄宝殿、
藏经殿、国师殿。大山门上悬挂着雍正皇帝钦赐匾额，殿内佛像庄严，殿宇华丽壮
观，寺内花木葱郁。乾隆帝曾二度于南巡时到寺内瞻礼，钦赐匾额"慧照常圆"。
现部分建筑还在恢复建设中。每逢佛道日，这里晨钟暮鼓，香客云集，烛烟袅袅，
佛音不断，来此朝拜的人都希望能了却一切烦恼苦，获得肉身大自在。走进禅寺，
顿悟外物不假心，便是轻松人，匍匐蒲团，沐一方禅意。

（沙立卫）

青砖细瓦月明心
——清江浦老民居

取块块青砖，择片片月瓦，框天人合一的融洽，构怡然雅致的家园。月明星稀之夜，或饮或吟，或安卧或徘徊，月光在青砖灰瓦上泻下银色的光辉，平静安详地笼着昔日清江浦，一份家的温馨情怀，一种明月清风的心绪在心中涌起。

"滨河多苦舍，或瓦其内。盖瓦屋一楹，岁征一两五钱，苦舍止一钱五分。"这是明末清初史学家谈迁在《北游录·纪程》中对清江浦民居的记载。苦舍是草屋，可见，草屋和瓦屋是那时清江浦民居的两大类别，贫人家多是草屋，富人家则是瓦屋。

这里说的瓦屋用"青砖月瓦"来形容最为恰切，也最是风雅。清江浦古民居的屋脊较一般起脊房的屋梁要高，先用青砖砌一至多层不等，上用月瓦竖向砌成，宛如龙脊，两头上翘，如凤头状，中间则用月瓦做成各式花纹状，大致如宝塔的刹。

由于清江浦的兴起靠的是水运，因此，居民既有本地的，也有相当数量南来北往定居本地的过客。反映在建筑文化上，也就显得多元化，融合了南北方的特色。就现存一些古民居分析，除了"青砖月瓦"这一共性外，一些细部也呈自身特色。

比如门额，呈梯状向上收缩的门额。最简单的是用普通砖头砌成，稍讲究一点

的，是将砖头外形进行加工，形成卷云状或如意状。更讲究的则雕刻精美的花纹，正中刻有图画故事，如鲤鱼跳龙门等。

还有搭子。门窗上方挑出部分，俗称"雨搭子"，用砖砌成，往往做成叠涩状，两侧上挑部分还刻成龙首状。也有的比较简单，只用月瓦砌成一道弧线状，如蛾眉状。再说隔断。清江浦古民居多是砖木结构，体现在两个部分：一是梁柱，另一是木隔断。有两种木隔断，一是用于间与间的分割；二是作为一面墙，实现屋内与屋外的隔断。这种隔断比较精致，比如安乐巷5号和孔家巷4号，房屋一面墙全部采用木结构，上面是透空花窗，下面是雕花木板，刻有精美的水仙、荷花、牡丹等图案。

百姓用智慧用巧思用青砖月瓦创造了历史美景，构造了错落有致的房屋。而今，经过百余年的变迁，青砖月瓦已成稀有之物。但青砖月瓦的痕迹还在，屋脊上零星的几块月瓦，门额上有心无意的装饰，还有瓦上那一抹绿茵茵的青苔，都见证着历史苍古的风尘气息。

古往今来，人们不仅用青砖灰瓦建造了屋舍，建造了殿堂、庙塔、楼宇、城池，还铸造了象征中华儿女血脉绵延不息的万里长城。在这条横亘东西的巨龙身躯上，青砖灰瓦不仅构建了摧不垮的脊梁，而且挺起两百余个关关口口，巧夺天工，傲视群雄。至今，我们还会去抚摸仰望青砖灰瓦最恢宏的历史遗存与见证——长城。

水运的衰败将清江浦的繁盛推进历史深处，那一幢幢青砖黛瓦的屋舍，总在有月亮的晚上走进一颗颗善感的心灵。回忆月色般清凉，轻抚着那一块块青砖一片片月瓦。

（荣根妹）

花有两朵各自开

——清江浦的"三内"与"三外"

世上许多事，往往一较真就会发现问题，甚至是大问题，严重的有杀头之险。这不是危言耸听。就说清同治年间漕运总督吴棠造的清江浦城，原本由于战祸等特定历史原因而构筑，用来防捻军再度冒犯的，却因城市格局"三内三外"被人诟病，以至民间传言有好事者三告御状，倘若不是吴棠有恩于慈禧，结局说不准就被"咔嚓"了脑袋。

何谓"三内三外"？不妨摘录一段资料如下："清江浦城于清同治三年（1864）修建，城池'三内三外'的建设格局，成为历史传奇：'臣在内，君在外'，指清河总督府在城内，而皇帝行宫万寿宫在城外；'阳在内，阴在外'，指民居在城内，而城隍庙却在城外；'武在内，文在外'，指关帝庙在城里，而文庙在城外。其因为当年仓促建城，以军事目的为考量，独特的格局竟成为中国建城史上的奇迹。"

该段引文，笔者以为，可归类为野史逸闻，而非正史。为什么这么说？吴棠筑石砖城就算仓促，但时间跨度也从奏请朝廷至完工达两年多（同治二年至同治四年秋），不信"官比民多"的清江浦内那些"吃皇粮烧皇草"的爷，没有一人提醒总督吴大人、负责工程的候补知县师老爷，您筑的石砖城犯天条了，要么停工，要么重新规划。否则，按大清律条，就算吴大人与慈禧有交情，也不可能人家告他一次升一次官，居然连升三级。

吴棠、师候补筑的石砖城留下"三内三外"的话柄，其实是好事者故意忽略了外圩土城，殊不知那所谓的"三外"基本都在外城之内，而相对薄弱的外城也是城防。既然人家认定以内城即石砖城说事，我们姑且就以石砖城来说说"三内三外"的缘由。

笔者以为，追根溯源是特定历史环境下由多种原因造成的，就算为抢工程而落下遗憾，也可理解。要知道，筑城前的咸丰十年（1860），捻军首领李大喜、张宗禹率众三万余屠了清江浦城，虽然时间过去了三年，但血腥气尚未完全消逝，恐惧依然萦绕着大街小巷，为免生灵再遭涂炭，吴、师等主事的老爷自然想尽快巩固土城、抢筑石砖城，这是原因之一。

其二，清江大闸为南船北马、九省通衢的咽襟，原本散布坟茔的运河两岸聚集成市，明清两朝的大型造船厂、天下粮仓等国字号企业，以及河道、淮扬道、淮海道、河防营等若干个署衙，会聚的晋商、徽商、浙商等十多省商人，还有河工、船工、贩夫走卒等三教九流，皆居住在运河两岸的清江浦，而兴建的东西十里长街、石码头街、越河街、仝庆街、三层街、运河南岸的东西大街、都天庙街、南门小街、洪门小街等，加上二百多条背街后巷，大多为清江浦未筑城前随市而设的格局。故而，所有建筑未能如当今由规划局统筹规划而建，难免显得不成体统。

石砖城建好后，捻军又犯，民间这才流言四起，怎么大小官衙都圈在城里，却将皇帝行宫撂城外？这就是被诟病的"臣在内，君在外"。且不说万寿宫尚在土圩城内，康乾下江南经清江浦也没像在宿迁住龙王庙，而是宿离河道总督府咫尺远的荷芳书院临时寝宫，严格说万寿宫不算真正意义上的行宫，就算是，在当时窘迫的形势下筑城，吴棠也没有本事、财力将偌大的外围土圩城全部建筑成石砖城，别的不说，单是扒洪泽湖石工堤取长条石圈仅三平方公里的石砖城墙基，就被那个埋在石堤的"刘基造，吴棠拆，拆到此处拆不得"字碑阻拦住了，倘若将土圩城全部造成石砖城，撇开捻军随时攻城不说，仅砌城墙基的长条石你让他到哪哭弄去？说得再难听点儿，毕竟活人尤其是当官的活人命要紧，那么供着皇帝灵位的万寿宫已经圈在石砖城外，只好让它待那儿。

再说"阳在内，阴在外"，阳指城里老百姓住的房子，其实大多官邸也在城内；阴指运河东南岸的府城隍庙（大）、运河北的县城隍庙（小），鬼魂听差的地方。阳不需再论，单说阴，小城隍确实建在水渡口附近的土圩城东门墙外，而大城隍却在石砖城东门外约二里许的土圩城门内，这段运河堤南路即后来称作轮埠路的，正是闸口下游漕运码头集散地，也是南来北往之津要，撇开其他因素不说，倘若石砖城沿运河往东延伸至府城隍庙，势必废掉南岸所有漕运码头、港口，可那是皇家财税经济命脉的通道，岂可儿戏？为圈进一座城隍庙不值得吧。况且，就算不废河堤筑城，将码头通道圈在城内，可世上有几座城将运输码头圈进城内的？那样真让敌方从水路长驱直入进城了。既然大城隍圈在石砖城外，本就在土圩城外的小城隍，还有啥可说的。

却说"武在内，文在外"，其实根本不值一谈。据咸丰、光绪《清河县志》"坛庙"记载，除清宴园内的关帝庙在城内，城外运河两岸的城南、西长街、越河街山西分馆及中洲岛皆有关帝庙，所谓"武在内"尚有何意义？而文庙在城外，即运河堤南牛行街内，其原因与大城隍庙同等。如果细析，其实石砖城外何止一个文庙，不文不武的慈云寺、风湖大王庙、金龙大王庙、海神庙、八面佛、草大王庙、普应寺、碧霞宫等，有几十座，何必在一文——孔子、一武——关羽上说事呢？实在无聊得可以。

（陈亚林）

古风今韵清江浦

"城门城门几丈高,三丈六尺高,骑黄马,带把刀,走进城门操一操。"曾几何时,我们这一代人几乎人人哼过,儿时成群结伴就唱着这首童谣,个个骑着竹竿、木棍的"马",腰间别一把树枝的"刀",在城里穿街过巷。

对清江浦有"城池"的概念最早就来自这首儿歌童谣的"城门"记忆,那时小朋友常玩手拉手搭起城门的"进城"游戏,城门对我们住在城门外的孩子来说,是一种美好与向往。

城或城池都是那兵荒马乱、战火纷飞年代的产物。当年清江浦为了防范捻军再次侵扰,由漕运总督吴棠主持筑起的城池,有砖石墙、护城河,在此外还有一道土圩子。以前在轮埠路上,外公曾指给我看过,日用化工厂那里是圩门口,今天的圩北路就是这三层防御最外围一道土墙的所在地。然而无论多么坚固的防御,抵挡住一次次战火的洗礼,却经受不起历史沧桑的变迁。王公贵族一度为之骄傲的古城曾抵御过千军万马,却在时间激流中成了弱者,几百年后只剩下残垣断壁、墙砖石块,清江浦城池亦是在华丽都市的外表下,都变成老人嘴里讲的"古"了。

城池不属于我这一代人的记忆,祖辈们留存的对它的印象和记忆,在这一辈又一辈的交替中淡去,今天的幸福生活已照不出历史的影子。我们对古城的认知大都是凭借当年环城东路上遗存的那一点青苔斑驳的城墙脚,还有口口相传保留下来的意象如北门桥、东门花街、南门小街和西门浦楼,当年这些分布在四个城门边的街巷、桥梁、环城路等市井生活的场景给予的想象。

过去有城门可以分得清城里城外,今天有没有城门都不影响一个城市伸展的愿望。只不过在老百姓的心里,"城里"是越来越大,城市也越来越漂亮了。清江浦原来通往城门的道路都成了通衢大道,城墙的位置也矗起了高楼,旧城与新城也由时间跨度变成空间结构,新城在旧城之上生长开花……人们也从老式平房搬进了新式楼房,从老城纷纷迁到新城。然而城市快速发展,让我们在享受便利舒适快捷的现代生活时,却无一例外地发出与父辈一样的怀旧惆怅。于是,在一个清晨、夜晚、闲暇的时光,我也不自觉地随着市民来到了运河边,走进了清晏园,从大闸口逛到花街,在文庙那转转看看……

城市发展到今,人们的目光终于发现,那些历经沧桑、虽不光鲜却无碍于我们怀想的老街巷、民居老屋、禅宗寺庙、桥梁等市井风貌,竟是一种文化,相比于喧嚣带来的浮躁、快速挤满了紧迫与焦灼,这些文化之地便是抚慰心灵、让心灵安详栖息的精神圣地。

　　一个人在城市生活久了，逐渐触摸到这座城市的品格，一边感慨它的博大，一边在其深厚的文化背景下，用文字来为它上彩，这或许需要眼极冷、心极热的生活智者才能娓娓道来，而我辈还不能做到。清江浦城市之古、文化之深，不仅记载在文献石碑里，那些"露天博物馆"自然分布的色彩，让每一位到访者啧啧赞叹，印象深刻。当年运河漕运在这里"南船北马、舍舟登陆"，使清江浦"是处街市繁华，仕商云集，晚间灯火烛天，管弦盈耳，洵天下第一名区也"。自有数不完的人文景观，大闸还是世界级文化遗产，这些昔日风貌带给人的感官冲击，是难以忘却的。

　　鉴于清江浦的历史文化价值，看得出清江浦城市的发展思路，老城保护与新城发展并行，历史建筑镕古铸今，城市格局古风今韵：既有老街巷、古园林、禅宗寺院、大闸、桥梁等历史沉稳，给人思古幽情，也有时尚餐饮、休闲娱乐、品牌商业等煌煌大气，充满青春活力。城市变迁创造出的一个个文明成果，也赋予了清江浦古老文明以新的含义。

　　今天站在北门桥向东瞭望，历史与现代气息相辉：白天，这里水绿相映、车水马龙，繁忙喧嚣；夜晚，却是桨声灯影，游船画舫，静谧悠悠竟有一丝秦淮古韵。常盈桥、水门桥、御码头、清江闸、中洲岛……昔日漕运兴盛遗存最多的人文景观，不仅装点着城市的风景，也在无声地向后人和每一位来客讲述着古往今来。这里也是清江浦文化中心，明代修建的清江闸和越闸冲刷形成的中洲河心岛，"清江浦记忆馆""淮安戏曲博物馆""淮安名人馆""淮安市运河楹联馆"等清一色的明清

风格建筑群，不仅是游客镜头中的风景，也是清江浦对外的城市展厅和客厅。那里浓缩了600年清江浦记忆，游客通过高科技呈现的影视场景，便可触摸到清江浦城市发展的脉搏和轨迹，感同身受博大精深的运河文化造就的地方戏曲、地方名人等地域文化，并对清江浦深远影响无限回味。

清江浦的文化脉络就是历久弥新千年不息的薪火，沿着穿城流淌的运河向东西延展，让人清晰地感受到了强劲的脉动。如今，越秀桥以东拔地而起的1415街区，为"运河之都"的"清明上河图"再添浓墨重彩。而依托漕运中枢、运河之都的历史地位续演的城市大戏——"中国漕运城"，又为人们展开了一幅"漕都大邑，古楚鎏金"的城市画卷。人们已经看到，"中国漕运城"的大幕在徐徐拉开，一艘艘红色帆船也已升起了白帆……不久，人们将在"市不以夜息"的十里运河长街和清江浦"红灯十里帆樯满"的运河上，坐在现代有轨观光电车里，看到"舟行碧波上，人在画中游"那"壮丽东南第一州"盛景。

清江浦千年大运河泽被两岸，也必将以其融合古今的传世经典吸引世人，使流芳千年的运河魅力延续恒久，为历史和后人留下更多精彩和赞叹：清江浦是古老的，文脉绵长、底蕴深厚，处处闪现人文灵光；清江浦是年轻的，科教兴盛、人文荟萃，创新创业、投资兴业，一派勃勃生机；清江浦是迷人的，生态水绿城林交融，美丽而宜居。

（黄迎红）

"少者怀之"
——清江浦南郊

也许是春和景明的午后，也许是皎月东升的秋晚，孔子和他的弟子们闲聊起各自的志向理想，子路颜渊说过之后，轮到孔子了，他把自己的理想以一幅"老者安之，朋友信之，少者怀之"的充满仁爱光辉的和谐社会图画和盘托出。其实，"少者怀之"莫过于孩童在吃饱穿暖的前提下，能得到良好的教育。就清江浦区城南郊区的孩子来说，果真能"少者怀之"是新中国成立之后。

检阅成书于 20 世纪 30 年代的张煦侯所著《淮阴风土记》，提到今日城南街道韩村社区时，赫赫有名的韩信城是"城荒地僻，民复愚陋"，问起当地居民韩信是谁，也不能回答，还说这里当时尚无小学，政府想在这里推广小学教育，这里的人说"识字徒令讼师多，不如其已"，一副拒绝教化的模样。《淮阴风土记》载，当时的城南郊区，居民多以种菜为生，不重视读书教育，有"清二百余年南乡无秀才"的说法，直到 20 世纪 40 年代才有一所县立福田庵小学，这所学校的创办曾得到当地士绅周万祥先生资助。20 世纪 50 年代末 60 年代初，推进初等教育普及，城南郊区教育一夜之间遍地开花，每个行政村都有一所完全小学，另外还有一些业余性质的"扫盲班""冬学"和"耕读小学"，为的是扫除文盲。

城南街道范围内最早出现中等教育的时间是 1958 年，当时成立了一个农业中学，性质是民办公助、半工半读，1962 年停办，1965 年复学，1972 年改名为城南中学，升级为全日制中学。20 世纪 70 年代是人口高峰期，一所中学容纳不了适龄青年，于是 4 所村级小学即办初中，其中韩城村办起了高中，城南乡有了 3 所中等学校，即城南中学、韩城中学和兴庄中学。后来的新闸村划归城南乡后，又增加了一所新闸中学。

20 世纪 90 年代末，一是由于计划生育政策导致人口急剧下降，二是城市化进程加快，城南的教育进入萎缩期。先是韩城、兴庄、新闸 3 所初级中学停办，接着小学陆续撤销合并，到 2008 年左右只保留一所中心小学和新闸村的一个教学点。2005 年，招商引资引进民办学校启英外国语学校，为九年制学校，与城南中学共用一个校园。由于这个学校机制灵活，管理较好，所以发展迅速。到 2016 年暑期，城南中学撤销，校园属启英外国语学校。

2014 年，原清浦区政府着眼城南未来发展，在商务集聚区内新建清浦开明中学，目前城南境内有一所初级中学、一所小学和一所民办启英外国语学校。

（钱万平）

东大街上的新华书店

20世纪六七十年代，在清江市东大街工人文化宫东面有一座门朝南的两层小楼，门脸不宽但修饰大气，店门上方凸出圆角雨檐。二楼房顶上有一旗杆方座，过年过节时插上五星红旗，国旗迎风飘扬，毛主席手书的四个红色题字"新华书店"十分醒目。地面为彩色水磨石子地坪，四扇紫色木质大门，中间两扇，两边各一扇，门上装有镀铬的长把拉手。大门两边分别为两个玻璃橱窗。房屋是解放后兴建的，质量在东大街上是一流的。U型玻璃柜台里摆放着各种书籍，墙上挂着各种年画、宣传画和对联等。

小时候最吸引我的是连环画小人书，有十几本成套的，如《三国演义》《水浒传》《西游记》《封神榜》《杨家将》等，也有二三册成套的，书名很多，封面颜色花花绿绿，人物形象生动，极为好看。当时不像现在的书店可以直接翻阅，只能趴在柜台边肥肥眼。好在大街小巷都有小书摊出租，坐在小凳子上，几分钱可看上半天。

那时还有一套读物对我们小学生最有吸引力，那就是《十万个为什么》，一本接着一本地出来，买过几本，和同学交换着看，还从淮师一附小图书室借阅过几本。书中回答十万个为什么的科学知识，对于小学生来说只是科普启蒙，绝大多数内容，看了后依然是云里雾里，心想成为科学家真的很难。

新华书店还有一大"热点"便是各种张贴画。那时候，市民也好，农民也好，家里都是石灰涂的墙。有的人家是用报纸或包装纸把墙糊起来，既好看又防灰。谁家的墙上都有几张画，如条幅式的年画，有福禄寿喜、五谷丰登、幸福家庭等，很受老百姓喜爱。每年春节前，大人们都会让我们到新华书店买两张画来，我们兴高采烈地结伴同行，在新华书店咋咋呼呼地选画买画。在新华书店除了买画，后来的日子里，相继买过字典、辞典、地图、教材以及其他读物，如今回忆起来，仍如在昨日。

（胥全迎）

一乡两城　堪称奇观

清江浦境内一个只有27平方千米的乡镇却拥有两座"城"，就在如今的城南街道办，昔日的城南乡。

这两座"城"，一个名为"韩城"，一个名为"关城"。

韩城是韩信城的简称，与"兴汉三杰"之一、冷兵器时代最伟大的军事家韩信有着密切的关系。离韩城不过二三里有座古墓，据考证是韩母墓。司马迁的《史记》不仅辟有《淮阴侯列传》篇，还言之凿凿地说"余视其母冢，良然"。

韩信城在历史上是否真的存在过，屡屡被人怀疑。也难怪被人怀疑，从地理上看，这里虽濒临古淮河，但并不具备筑城条件与必要，主要是今日韩城的位置离淮阴故城不过三五里之遥，离后来兴起的清江浦镇也不过十余里，作为"城"的存在确实密集了些。但有学者信誓旦旦地说《太平寰宇记》就记载着这座城。《太平寰宇记》是宋初编纂的一部大型的地理总志，如果真的有城，那韩信城应该在唐朝就存在了，被人记录下来，后被宋人收进《太平寰宇记》里。

翻遍《太平寰宇记》，只见到"韩信坛在县东南七里，今有坛基见"寥寥数语。如果说在这里曾经筑有祭祀韩信的规模很大的祭坛，以20世纪六七十年代尚未完全毁坏的韩信城遗址规模来看倒符合事实。也许后来人把这个"坛"误认为"城"，以讹传讹，就变成了"韩信城"。当然，这只是不懂历史的人的猜测。

不过，这些猜测似乎可以从前人留下的诗文里得到佐证。宋代的张俞写过一首题为《韩信坛》的诗："汉用亡臣策，登坛授钺时。须知数仞土，曾立太平基。"至于以"韩信城"为题吟诗的，唐宋都没有见到，见到最早的是明代人唐之淳的诗：

韩信城

雉堞平来事已休，淡烟芳草一荒丘。

蒯生不作忠君计，吕氏方为少主忧。

烹犬有时应自喜，缚鸡无力岂长谋。

泗河两岸离离石，留与行人系晚舟。

这首诗中，这位唐氏似乎是怀着漠然的态度看待吕氏所为，只觉韩信之冤颇有趣味。历史虽说可以对当下有所启示或借鉴，但对后代人来说痛感毕竟单薄了许多。

说完了"韩城"，再看"关城"。民间说，关城全称应该是"关门城"，有一个传说诠释了关门城的来历：据说黄巢起义杀人八百万，杀到此地，其中有个人对黄巢有恩，怕误杀，就吩咐他：某天某日，大部队杀到这里，你家只需关上门，在门外挂上柳条，兵士就不会杀你家人了。这位善心人不忍乡邻遭难，把这个秘密告诉了关系较好的人家，结果家家关门，户户挂柳。黄巢的兵士无奈，只好收兵。所以有"黄巢杀人八百万，杀到关门城，封刀留了人"之说。

故事也许不可采信，不过人们应该注意到《淮阴风土记》提到此地写的是"关门程"，据说是河下有个姓程的盐商为躲避仇家迁到当时还很荒凉的此地，遂有"关门程"一说。这倒有点靠谱。

（钱万平）

东长街的记忆

　　站在大闸口若飞桥上就能看到东长街入口，入口是御码头。东长街的走向紧贴运河，运河直它就直，运河弯它也弯，不离不弃地缠绵着。缠绵是要消耗时间和过程的，在东长街行走，似乎很难接受它的漫长，会有一种迷路的错觉，当你走进相连的巷口，往往会辨不出哪个方向是东南西北。这些巷子互相推挤，任意穿插，东长街就是依靠这些横向延伸的深巷，扩大了它的生命宽度，从而获得足够的时间披露自己的故事。

　　一条石路，格子窗，墙角斑驳的青苔，戛然而止的胡琴声……这一切你会觉得古典，觉得像一首宋词，弥漫着不可知的神秘感，仿佛置身不同的时空，有点儿轻微的眩晕。

　　春阳下，零零星星的蝴蝶也会闯进小巷人家，将细碎的花粉印在晾绳上白布的褥单上。而我却有些偏爱东长街的秋天，古槐树的小黄叶，有风掉那么几片，无风也会掉那么几片，凄美无序地躺在多岐的石板路面上。帘卷西风，人比黄花瘦。想到这个句子，会情不自禁向两边看，想象中的一挂门帘后会有绰约的女子身影。东长街窄窄的街道两边都是老旧的宅子，有门，门掩着。秋风一无所获地掠过街道，而将一切可能中的丽楚暗香留在紧闭的门内，这不免让人失望。

　　东长街星罗棋布的巷子中有个鸡笼巷。130年前美国传教士赛兆祥到达清江浦后，在鸡笼巷内建了基督教堂，开办了仁慈医院和基隆小学。以著作《大地》获得诺贝尔文学奖的赛珍珠，从1892年至1896年就生活在基隆小学校园里。赛珍珠在《大地》中描写的"飘着牛肉香味的老街"，说的就是东长街。街的西首有一座清真寺，回民围寺居住。百年"沙家牛肉汤"，就在清真寺边上。回民们把牛肉加工出售，满街弥漫卤制牛肉的香气，这就是当年赛珍珠记住的"老街上飘着的牛肉香味"。

　　顺着运河的走向，让我们回溯中国被叫作"明""清"的年代：那时，东长街连着的大闸口是清江浦一座水陆码头。"南船北马，舍舟登陆"牌坊还在，康熙皇帝御笔"绩奏安澜"的碑亭还在。码头临水，水是运河水，年年月月，朝朝暮暮，潮涨潮落，浪花拍岸。

　　大闸口石栏杆前每天都不缺少看热闹的人，他们饶有兴趣地看着码头上停泊的舟船，船旗上的字号，搬上搬下的箱笼。闸室的绞关房，苦役们以一种夸张的号子和动作，把逆水而上的船只拉过闸口。不时有达官贵人、富贾小姐走下码头，踱入东长街的背影，预示着一个故事的开篇；而从东长街出来，迈下码头踅进船舱的

面孔，则标志着故事的结束。这种区别，对于闸上的看客一点也不重要，他们就是看看热闹，看看场面，看看码头上出没的不同人物，这一切看久了，就看麻木了。他们无所谓故事性，水上跑的是船，水下游的是鱼，永远如此。由此及彼，变幻莫测的人生，其实就是亘古不变的人生，而千百个不同的故事，不就是人间重来复去的故事。

有段时间曾希望拥有双灵敏的耳朵，从寂静得有些压抑的东长街走过时，我就能因此听到隐匿在砖墙背面窃窃的私语、浅浅的笑、隐约的暗泣和一件瓷器掉在客堂青色方砖上的声音。

又一段时间，想要在霏霏细雨里走进这条东长街，希望能遇到戴望舒笔下的雨巷尽头哀怨的丁香，有让我心驰神迷的目光，如此将不再害怕岁月漫长或短暂。

事实是在我出生之前，东长街上的仁慈医院就搬往镇江，基隆小学还在，改叫老坝口小学。如今这条晨有炊烟升起的东长街几年前也拆了，一起被拆的还有陪伴在它周围的那些小巷。东长街不再长。

（张月明）

里运河上双摆渡

"到了一个地方名叫'茶峒'的小山城时，有一条小溪，溪边有座白色小塔，塔下住了一户单独的人家。这人家只一个老人，一个女孩，一只黄狗。"这是沈从文《边城》中对摆渡一家人的描述，字里字外弥散着清新自然的爱和美的气息。

清江浦城里运河穿城而过，清朝末年，河水湍急，河边也曾有过这样的摆渡一家人。那是运河北岸的杨得高家，杨家便是里运河上双摆渡的摆渡一家人。

何谓"双摆渡"？

清江浦依运河而建，从前水流湍急水势汹涌，奔流到清江闸，数里之外便能听到水涛轰鸣的声音。

里运河把清江浦分割成南北。两岸无桥梁可供行人往来，只有依赖唯一的大闸通行。然而里运河往来船只频繁，大闸经常需要拉闸让行船通过，两岸的交通只好暂时中断。

为解决两岸的往来不便，康熙年间，任清江浦船政同知的王士禛想出一个安全稳妥的办法。石头系着铁丝沉入河中心位置，铁丝另一头放风筝一样，用扣线方法系住渡船，让船借水流力量产生弧形运动，竹篙一点，船从北岸顺着水流冲力自动摆渡到南岸。因船被水下巨石系着，水再大，也既冲不走巨石又冲不走船。而船受水的冲力可自动摆渡到对岸，安全快捷。

　　为缓解两岸交通压力，王士禛在闸口设立两个渡口，这就是有名的双摆渡。

　　上下两个渡口相距一百多米。上摆渡的位置即历史上清江城的东北角，亦即现在的环城东路北首。当年顺着城脚直通东门，又可出东门沿城墙直到河边乘渡船过河。下摆渡就是现在承德路上御码头桥西侧，昔日南北都对着承德路。

　　杨家有一艘能载近百人的木质渡船，全家五口以此糊口。后因来往顾客增多，又增添一艘渡船，由儿子撑摆。每遇清江大闸拉闸板，父子二人就双船对摆，称为双摆渡。杨家老一辈相继去世后，孙子重孙接过渡船，继续营生。

　　摆渡人的生活似被那条线索牢牢拴住了，一生注定要与渡船为伴，要以宽宽窄窄的河面为家。杨家前后四代同撑一对船，生活如同《边城》中翠翠一家，悠然自得。

　　生活如河，总不平静。1939年3月，日寇入侵，盘踞清江城。战争打破杨家双摆渡悠闲安静的生活状态，双摆渡开始为新四军夜间送侦察人员进城，购买急用物资，帮助运送军事物资。杨家分文不取。

　　杨家摆渡人把生命最朴素的身姿倒映在运河粼粼的波光里，倒映在运河不倦流淌的记忆中。他们的摆渡生活不在愁苦的淤泥里，不在缥缈的天际，而在从天涯到清江浦里运河的舟船上。

（荣根妹）

亦庐照相馆

清江市曾有几家照相馆。一是水门桥北、淮海路西的时代照相馆，二是东大街工人文化宫门东的工人照相馆，三是西大街的曙光照相馆，四是最有名气的人民南路的亦庐照相馆。

亦庐照相馆坐落在原清江影城的对面，门朝西，两层楼房。楼下柜台和工作室，楼上摄影棚。那时摄影棚里有三四种绘画布景：有带亭台楼阁的，如北京颐和园；有带现代楼房的，如上海外滩；也有室内的，如中西式家居，都是根据客人需要配置布景。

以前大都用天安门广场作布景，照出来还真像是站在天安门广场一样呢。照相馆摄影棚里灯光齐备，什么强光弱光、顶光正光侧光背光、红灯黄灯蓝灯，一应俱全。摄影师将头伸进用黑布围绕着的高架照相机前，几番调整位置和姿势后，手握气囊开关，将客人的目光吸引过去。尤其是有小孩照相的，摄影师手中还要拿着玩具逗着玩，说"笑"，咔嚓一声，照好了！

小时候，去亦庐照相馆比较多，因为去城南公园和清江电影院时顺便就照相了。照了以后，一般是一个星期后才能取。可是我们总急不可待地提前去询问刷好了没有，都希望早点看到自己的照片。

有两次在亦庐照相馆照全家福的记忆很深。

我家于1966年10月去亦庐照相馆拍了一张全家福。那时上海的堂姐来淮，父亲很高兴，就去亦庐照相馆照了全家福。我们全家七口，加上两个堂姐和大堂姐的女儿，一共十口人。随后，我和哥哥、弟弟三人单独合影一张。这两张照片，今天看来十分亲切和珍贵。

1981年秋天，我们全家又去亦庐照相馆拍了一张全家福照片，一大家子欢欢喜喜地定格在照片里。这张照片，我父母亲一直悬挂在家里最醒目的地方，如今我总会盯着照片看上半天。

我和夫人的结婚照也是在亦庐照相馆拍摄的。1981年春，那时已兴租婚纱拍照了。我租的西装，夫人租的白色婚纱，一套照片有横式双人近景合照，有立式全身合照；有小尺寸的，还有放大的；有黑白的，也有人工上色的。虽然没有现在的数码彩色照片效果好，但也别有一番情调。

时代飞速发展，随着数码摄影时代的到来，传统胶片摄影逐渐淡出市场，老清江的三个照相馆也从市民视野中消失了。

（胥全迎）

清江浦城第一家女子澡堂

北门桥南西侧有一条叫"堂子街"的小巷，从原本不宽的巷口向里望去，两侧黛瓦老屋参差不齐地一直延伸到小巷深处。老屋历经上百年风雨沧桑，以及多次粉饰维修，呈现浅青和灰白。询问巷口一家杂货店里的老妪，找寻的淮阴城第一家女子澡堂——"荷花池"近在咫尺。

眼前是一座斑驳的二层小楼，门楣上方挂着"荷花池"的堂匾，字迹是已故清江浦书法家汤池的笔迹。

荷花池大门四周镶铁红的墙砖，两只陈旧的铁丝灯笼悬在廊檐上，木框玻璃门上"男女浴池"的字样赫然在目。整个楼体让人感觉有些倾斜，外边阳光明媚，但透过门扉向里望却很幽暗。

进得屋来是过道客厅，右手一张售票的抽木桌，左手摆放一条长木椅供客人小憩，往里是一间 40 平方米的更衣座位。售票的是一 50 多岁的中年女性，也许是熬了夜，还显得有些睡眼惺忪。了解来意后，她告诉我们，这个地方就是最早的女子澡堂。解放后改名为"三八浴池"，后来又叫"荷花池浴室女子部"，现在是"荷花池男女普浴"。

房子外形没有变化，内部的格局已完变，过道厅是后来加盖的，里面的二道门才是最早的大门。脚下凹陷的地面，确是 20 世纪 30 年代那种五色相杂的磨子坪。她说，当年女子澡堂原有的物件已经不存在，唯有那面墙上的镜子还是 70 年前的东西。这是块再普通不过的镜子，约一尺宽二尺长，四周嵌着木质边框。木框因长年蒙垢，已看不出原有的颜色，镜子表面也是锈迹斑斑。我想到巷口那个杂货店老妪，这面镜子定是见证过她一生从窈窕到佝偻身姿的。

荷花池浴室建于民国之前。当时有一口小池子，面积约 20 来平方米，池子是青石砌就，池子中央底部镶嵌一口大铁锅，锅口与池底相连，池子的热水就是通过不断被燃烧的铁锅传热到池中。澡堂还配备官堂又叫盆堂，客人使用的是一个椭圆形的木澡盆，就浴时不停地向盆中兑放冷热水。官堂里一室仅容一人，主要为官人和有钱人服务，纳客有限。1931 年荷花池扩建，新增小楼一幢，大浴池一口。由于许多人在一个池中泡浴，因而价格也极为低廉。

解放后，清江市饮服公司适应形势，为堂子巷女子浴室重新添置设备，更名为"清江市女子浴室"开张营业。当年的"荷花池女子浴所"规模当然不可与"清江市女子浴室"相提并论。随后几十年，女子浴室并没有随着清江市饮服业的发展得以在数量上拓展，直至1980年城区16家营业浴室中设有女子浴池的也只有6家。

如今洗浴中心遍布城乡，服务名目繁多，招牌更是千奇百怪，但78年前诞生的淮阴城第一家女子澡堂，当记入淮安市史志。以上是笔者17年前的访问笔记，文中描述的堂子街"荷花池"的情景，随着荷花池小区的建设已不复存在。

（张月明）

淮中记忆

淮中毕业50年，每次路过位于西大街的淮中母校时，亲切之情油然而生。我在这里度过了五年初高中学习时光，往事难忘。

我家两代7人都毕业于淮阴中学，女儿小学的时候就立下志向"非淮中不可"，最终得偿所愿，如今已成为一名硕士生导师，这与淮中老师们的悉心培养、优质的教学质量分不开。

淮中初中部地处淮阴当时繁华的市中心位置的西大街，去学校要穿过十字路口，马路两旁长满了法国梧桐树，树干高大挺拔，枝叶繁茂交错，冬天下晚自习，与同学结伴踩着飘落的梧桐树叶回家，一路欢声笑语。夏天，路两边宽阔的树冠手拉手般无缝对接，形成一条浓荫遮蔽的最美上学路。

20世纪70年代初，淮中校园分南院、北院，中间隔一条马路。踏进北院大门映入眼帘的也是古朴恬静的梧桐树，校园栽满各种花草树木，教室主要分布在南院，靠近电厂河东侧的围墙边还有两座几十个蹲位的旱厕，老师的办公室在北院的二层小楼上，陈年木质地板走上去吱吱作响。学校的礼堂、实验室、校医务室和体育器材也都集中在北院，北院的操场是学生们做课间操和运动的场地，学校开大会时，我们扛着板凳去礼堂或大操场上开会。北院还有校办印刷厂和提取乙酸乙酯的校办小工厂，可为困难学生勤工俭学提供便利条件。依稀记得，印刷厂是和当时的淮海印刷厂联办的，也是学生学工的基地。电厂河的西边就是淮中西操场，大型活动或运动会都在那里举行，每逢寒暑假，操场就成了周边孩子们学自行车、踢足球的最佳场所。

初中部教室在南院靠近城南公园小河的二楼上，站在教室的走廊上就能看见公园风景。小河边有青石板铺就的阶梯，常有附近居民挎着竹篮穿过校园到河边淘米洗菜洗衣服。每逢周末大扫除，擦洗窗户桌凳用的都是公园小河里的水。

当时的初中班主任老师朱苞是外国语学院的高材生，记得初中第一节英语课，老师潇洒地在黑板上用英文书写了漂亮的"毛主席万岁"，让我们惊奇又震撼。老师从 26 个字母启蒙，从国际音标教会我们阅读英文，大声朗读的独特教学方式仍定格在记忆中，甚至多年后还有英语单词从脑海中蹦出来。

高中班主任是特级语文教师沙志诚，因他的教学而爱上文学的人不在少数。还有温文尔雅的物理老师黄启根，六合口音很重的地理老师陈明远，他们独树一帜的教学方式都给学生们留下深刻印象。周成安老师对书法、数学、语文、音乐都很擅长，还会拉手风琴、打乒乓球，风趣幽默的授课方法深得同学们喜爱，学生们称他"万能老师"，哪一科的老师有事请假他就来"救场"。周老师在农场学农时还与我们同吃、同住、同劳动，军训时与学生一起出操拉练，与学生亦师亦友，很多学生到现在仍与周老师保持联系。

这么多年过去了，淮中培养了众多优秀人才，学生们在各自岗位上奉献青春力量，文理科高考状元多次出现在各大媒体，谱写了教书育人的精彩华章。

（陈亚林）

运河三千里　最忆清江浦

　　"一个清江浦，半部运河史"。清江浦，得名于明永乐十三年（1415），漕运总兵官陈瑄开凿的清江浦河，因贯通了京杭大运河南北，扼河、漕、盐、榷、驿于一体，清江浦迅速崛起成为运河重镇。清江浦地处南北交会，又位于三千里运河的黄金分割线上，素有南船北马、九省通衢之称，其气候变迁、物产风貌、人文历史等兼具北方之雄浑厚重和南方之清秀灵动，清江浦注定是运河记忆里最浓墨重彩的一笔。

　　首忆"襟喉南北处，行人日夜驰"的运河盛世。天下九督，淮具其二，漕运总督、河道总督在此驻节。清江督造船厂曾为全国最大的漕船厂，建造了全国七成以上的漕船。常盈、丰济两大粮仓为清江浦博得了天下粮仓之盛誉。鼎盛时期，清江浦人口达50万。运粮时节，十万漕兵，万艘漕船，首尾相衔，绵延百里，实为明清两朝经济命脉之所在。

　　又忆"襟吴带楚客多游，壮丽东南第一州"的运河盛景。忆往昔，有浦楼帆影、荷亭赏雪、犀牛望月、茶庵待渡等老八景；看今朝，清晏园、清江大闸、古清真寺等一批国家级运河文化遗产熠熠生辉。辖区内现有A级景区9家，还有省四星级乡村旅游区、省自驾游基地等一批优质旅游资源。更有来清江浦不得不去的新八景，有浦楼夕照之壮观、运河灯影之绮丽、五教汇聚之奇观、清晏风荷之雅致、桃坞春晓之灿烂、花街忆旧之追思、淮水秋色之旷寥、旧址寻梅之虔诚。

　　三忆"清淮八十里，临流半酒家"的运河盛宴。品一勺水而知四海味，作为"开

国第一宴"的淮扬菜，就地取材、土菜细作、五味调和、百姓创造，是中华美食皇冠上的明珠。历史上的清江浦，因达官巨商、富绅名士云集，白银如水，官衙如林，商旅如潮，名庖如云，吸引了各方烹饪顶尖高手在淮争妍竞秀，相融相长，诞生了全羊席、全鱼席、满汉全席，尤其是一百零八道长鱼宴号称"屠龙神技"，淮扬菜由此名动天下。九省通衢石码头，闻香下马；半篙烟雨清江浦，思味停舟。软兜长鱼堪称绝艺，狮子头独领风骚，平桥豆腐滑嫩爽口，蟹黄汤包满口生津。淮扬菜，清江浦舌尖上的美味，由口入心的记忆。

再忆"灯影半临水，瑟声多在船"的运河盛艺。作为运河要冲的清江浦，以明清运河文化为基础，孕育了一批大家名家和运河传统技艺。清江浦在京剧界享有崇高地位，通天教主王瑶卿、麒派宗师周信芳、荀派大师宋长荣均出自清江浦。淮剧、淮海戏、昆曲等各路戏种在清江浦汇聚相融，陈白尘、谢铁骊等戏剧大师辈出，世界十大摄影家之一郎静山创立的集锦摄影独树一帜。清江浦共计有非物质文化遗产72项，蛋雕、剪纸、石刻、提线木偶戏、清江浦庙会、运河号子等传统技艺和民俗无不彰显了厚重的运河文化底蕴和地域特色魅力。

当代清江浦，围绕打造淮安大运河文化带标志性城市的"中核地带"，续运河千年之文脉，振商埠云集之盛况，三城建设擘画新蓝图，四水穿城展现新画卷。环城高架如出水之蛟龙，高铁急策而通达四方。御码头美食街繁华再现，清晏园历史街区旧貌换新颜。一部新时代运河版"清明上河图"徐徐展现在世人面前。

运河忆，最忆清江浦！

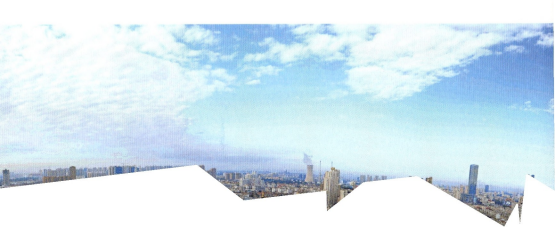

后记

为宣传普及清江浦历史文化知识，清江浦区政协文化文史和学习委员会与区文化广电和旅游局共同组织编纂《最忆清江浦》。本书力图通过翔实丰富的资料、通俗易懂的文字、精美鲜活的图片，让读者一册在手，尽览清江浦千年运河人文历史精华。

本书在深入广泛调研、精心搜集资料的基础上，吸纳众多文史专家的研究成果，以史实为依据，植入摄影、美术等艺术手法，力求既好看，又耐看。由于篇幅以及编者专业视野所限，往往成书之后经过一段时间的积淀、回顾，难免会发现一些不尽如人意的地方，难以将清江浦运河历史文化的精华悉数道来，恳请读者批评指正。尽管如此，我们依然希望本书能够成为清江浦历史文化的百科全书，这也正是我们编纂本书的目的所在。

运河三千里，最忆清江浦。本书且叙且忆，将清江浦历史文化在记忆的轴线上一一展现。为使本书具有存史价值，编者进行多次补充完善，在此向为本书提供资料和图片的专家、师友深表感谢！

编者

2024 年 10 月 20 日